Mme Dot

Une Farce

W. Somerset Maugham

Writat

Cette édition parue en 2024

ISBN : 9789359944944

Publié par
Writat
email : info@writat.com

Contenu

PERSONNAGES

Mme WORTHLEY

FREDDIE PERKINS , *son neveu et secrétaire*

MLLE ELIZA MACGREGOR , *sa tante*

GÉRALD HALSTANE

JAMES BLENKINSOP

DAME SELLENGER

NELLIE , *sa fille*

CHARLES , *serviteur de Gérald*

MASON , *majordome de Mme Worthley*

M. WRIGHT , *un tailleur*

M. RIXON , *l'avocat de Gerald*

L'HOMME DE BLENKINSOP

LE PREMIER ACTE

SCÈNE : CHEZ GÉRALD *chambres dans Grafton Street. Une chambre d'homme agréablement meublée, avec des fauteuils très confortables et des gravures aux murs. Des livres traînent et des ustensiles pour fumer.*

CHARLES , GERALD HALSTANE *serviteur, ouvre la porte .* M. WRIGHT *entre, un jeune homme pimpant, élégamment habillé .*

CHARLES.

Là, vous pouvez constater par vous-même que M. Halstane n'est pas chez lui.

M. WRIGHT.

Très bien, je l'attendrai.

CHARLES.

Vous devrez attendre jusqu'à minuit, car je ne l'attends pas.

M. WRIGHT.

La dernière fois que je suis venu, tu as dit qu'il reviendrait dans une demi-heure, et quand je suis revenu, tu as dit qu'il venait de sortir. Tu ne me surprends pas à faire une sieste une deuxième fois.

CHARLES.

Le gouverneur ne se laisse pas intimider par l'impertinence, M. Wright, et il considérera que vous lui donnerez une grande liberté de le relancer de cette manière.

M. WRIGHT.

Je ne sais pas s'il faut prendre l'impertinence, mais il faudra qu'il soit convoqué si mon compte n'est pas réglé immédiatement.

[*On sonne à la cloche.*

CHARLES.

[*Ironiquement.*] Faites comme chez vous, n'est-ce pas ?

M. WRIGHT.

Merci. Je vais.

[CHARLES *sort et laisse la porte ouverte pour que la conversation avec* RIXON , *l'avocat, est entendu .*

RIXON.

[*Dehors.*] Est-ce que M. Halstane est là ?

CHARLES.

Non monsieur. Il est allé dans son club.

RIXON.

Eh bien, je vais l'appeler. Je dois le voir pour une question de la plus haute importance. Vous êtes au téléphone, n'est-ce pas ?

CHARLES.

Oui Monsieur. Mais il y a une personne qui attend de le voir.

RIXON.

[*Entrer.*] Oh, tant pis.

[RIXON *est un homme petit et rubicond, avec des moustaches blanches et des manières chaleureuses* .

M. WRIGHT.

[*Se dirigeant vers lui.*] M. Rixon. [RIXON *le regarde sans le reconnaître* .] Vous ne vous souvenez pas de moi, monsieur ? Je suis l'associé junior chez Andrews et Wright.

RIXON.

Bien sur que oui. J'ai vu ton père en voyage d'affaires l'autre jour. [*À* CHARLES .] Où est l'annuaire téléphonique ?

CHARLES.

Je vais juste aller le chercher, monsieur. M. Halstane l'a prêté au monsieur à l'étage.

RIXON.

Soyez aussi rapide que possible.

[CHARLES *sort* .

RIXON.

[*À* M. WRIGHT .] Que faites-vous ici ?

M. WRIGHT.

Eh bien, le fait est que nous avons un très gros compte avec Halstane, et on m'a dit qu'il est dans une rue pédé. Je veux récupérer l'argent avant le krach.

RIXON.

Rue bizarre ? Cet homme vient tout juste d'en gagner sept mille par an.

M. WRIGHT.

Quoi!

RIXON.

C'est pour ça que je cours partout pour le retrouver. Vous savez que c'est un parent des Hollington. J'étais chez Madame il y a à peine une demi-heure, la douairière, vous savez, mon cabinet représente toute la famille depuis cent ans. Eh bien, à peine étais-je arrivé qu'un message arrivait du War Office annonçant que son petit-fils, l'actuel seigneur, avait été tué en Inde. Alors dès que j'ai pu, je me suis précipité ici. M. Halstane est le prochain héritier, et il gagne sept mille dollars par an et le titre.

M. WRIGHT.

Mon Dieu, c'est une chance.

RIXON.

Cela ne me dérange pas de vous dire maintenant qu'il serait à bout de souffle. Votre argent était bien parce qu'il aurait tout payé, mais il ne lui resterait plus grand-chose.

M. WRIGHT.

Bien sûr, il n'en sait encore rien ?

RIXON.

Pas un mot. Pour autant qu'il sache, c'est un homme ruiné, et voilà que j'essaie de l'appeler au téléphone pour lui dire qu'il est devenu pairie et qu'il a de très beaux revenus.

[CHARLES *entre avec l'annuaire téléphonique* .

CHARLES.

7869 Gerrard, monsieur.

RIXON.

Merci.

[*Il appelle et demande le numéro.*

RIXON.

7869 Gerrard, s'il vous plaît, mademoiselle... Quoi ? Bon sang, la ligne est occupée... Il faut que je fasse le tour de son club en fiacre. Je suppose que tu ne veux pas attendre ici maintenant, Wright ?

M. WRIGHT.

Non monsieur. Je retourne au magasin.

CHARLES.

J'espère que cela vous conviendra, monsieur. [CHARLES *les fait sortir et revient* .] Je ne sais pas à quoi viennent ces commerçants lorsqu'ils s'attendent à ce que des messieurs paient leurs factures.

[*Il s'assoit dans le fauteuil le plus confortable de la pièce et pose ses pieds sur la table. Il tourne le dos à la porte. Le journal est à ses côtés. Il ferme les yeux et somnole.*

[GÉRALD *entre silencieusement, suivi immédiatement par* BLENKINSOP *et* FREDDIE PERKINS .

[GÉRALD *est un bel homme de vingt-sept ou vingt-huit ans, simple dans ses manières, habillé avec soin mais sans exagération* . FREDDIE *est un garçon vif de vingt-deux ans* , BLENKINSOP *est un vieux célibataire de quarante-cinq ans ; il est bien conservé et prend beaucoup soin de son apparence. Il est habillé à la pointe de la mode.*

[*Pendant un moment ils regardent silencieusement* CHARLES , *qui se réveille en sursaut et sursaute, confus* .

CHARLES.

Je vous demande pardon, monsieur ; Je ne t'ai pas entendu entrer.

GÉRALD.

[*Avec une politesse ironique qu'il conserve lors de toutes ses remarques à* CHARLES .] Je vous en prie, ne nous laissez pas vous déranger. Je ne me pardonnerai jamais si je pense avoir interrompu ta sieste.

CHARLES.

Dois-je prendre votre chapeau, monsieur ?

GÉRALD.

C'est très gentil de ta part. Je n'aimerais pas que tu t'énerves.

FREDDIE.

[*S'asseoir.*] Par Jupiter, quelle chaise déchirante ! Pas étonnant que Charles se soit endormi.

CHARLES.

M. Rixon vient d'arriver, monsieur. Il est parti au club.

GÉRALD.

[*En riant.*] Je ne suis pas désolé de le manquer. Son avocat a rarement de bonnes nouvelles à lui apporter.

CHARLES.

Voulez-vous du whisky et du soda, monsieur ?

GÉRALD.

Si cela ne vous pose pas trop de problèmes.

[CHARLES *sort, et* GÉRALD *tend la boîte à cigarettes à* BLENKINSOP *et* FREDDIE .

GÉRALD.

Asseyez-vous et installez-vous confortablement, James.

BLENKINSOP.

Faire cela est l'un des rares principes auxquels j'ai adhéré au cours d'une vie facile et sans aventure.

[CHARLES *entre avec un plateau sur lequel se trouvent des verres, du whisky et des sodas* .

CHARLES.

Voulez-vous autre chose, monsieur ?

GÉRALD.

Si vous pouvez m'accorder deux minutes de votre temps précieux, j'aimerais vous faire quelques observations.

FREDDIE.

Rassemblez-vous, Charles, pour recevoir les paroles de sagesse qui tombent des lèvres de M. Halstane.

CHARLES.

Les choses vont très mal à la Bourse, monsieur.

GÉRALD.

Charles, je n'ai aucune objection à ce que vous vous asseyiez dans mon fauteuil et que vous posiez vos pieds sur ma table. Je suis prêt à ignorer le fait que vous fumez mes cigares et buvez mon whisky.

BLENKINSOP.

[*En sirotant.*] Vous faites preuve d'un excellent jugement, Charles. La capitale du whisky.

CHARLES.

[*Imperturbablement.*] Alambic, monsieur. Quinze ans en bouteille.

GÉRALD.

Je peux même supporter avec sérénité que vous lisiez mes lettres. Pour la plupart, ils sont excessivement fastidieux, et ils ne feront que vous montrer combien est déplorable l'éducation des classes supérieures. Mais je dois insister pour que vous ne lisiez *pas* mon article avant d'en avoir fini.

CHARLES.

Je suis vraiment désolé, monsieur. Je pensais qu'il n'y avait pas d'objection.

GÉRALD.

Un journal, un costume et une bouteille de vin sont trois choses que je préfère....

CHARLES.

Pour avoir le premier coup de main, monsieur.

GÉRALD.

Je te remercie, Charles; Je n'aurais pas pu exprimer ce que je voulais dire de manière plus idiomatique.

FREDDIE.

[*En riant.*] Tu ferais mieux de prendre un verre.

CHARLES.

Permettez-moi, monsieur.

[*Il mélange un whisky et un soda.*

GÉRALD.

Vous n'avez pas besoin de verser le whisky avec une main aussi généreuse que lorsque vous vous servez. Merci.

CHARLES.

Vos parts minières sont très faibles, monsieur.

GÉRALD.

Ils sont.

CHARLES.

Si vous vous souvenez, monsieur, j'étais tout à fait contre eux au moment où vous avez acheté.

BLENKINSOP.

Vous êtes un joyau, Charles, si en plus de répondre aux besoins de votre maître vous le conseillez dans ses transactions financières.

GÉRALD.

Sauf erreur de ma part, Charles m'a fortement recommandé d'investir mon argent dans des débits de boissons.

CHARLES.

Eux étant fréquentés en temps de paix et de guerre, et non sujets à des déplacements clandestins. En paix, les hommes boivent pour célébrer leur bonheur, et en guerre pour noyer leur chagrin.

GÉRALD.

[*Souriant.*] Vous êtes philosophe, Charles, et cela me blesse vivement de devoir me priver du charme de votre conversation.

CHARLES.

[*Étonné.*] Je vous demande pardon, monsieur ?

GÉRALD.

Je m'efforce de vous donner un préavis de manière à ne pas outrager vos susceptibilités.

CHARLES.

Moi, monsieur ? Je suis désolé si je ne donne pas satisfaction.

GÉRALD.

Au contraire, vous donnez toutes satisfactions. Je n'ai jamais eu la chance de rencontrer un domestique qui avait un talent égal pour cirer les bottes et pour la répartie. Je vous suis reconnaissant du soin avec lequel vous avez entretenu ma garde-robe et des encouragements que vous avez offerts à mes tentatives d'humour. Je ne vous ai jamais vu perturbé par une réprimande, ni découragé par une mauvaise humeur. Vos mérites, en fait, sont écrasants, mais j'ai bien peur de devoir vous demander de trouver un autre endroit.

BLENKINSOP.

Tu ne devrais vraiment pas être aussi brusque, Gerald. Regardez-le chanceler sous le coup.

CHARLES.

Je suis très à l'aise ici, monsieur. Pouvez-vous me donner aucune raison pour cette décision ?

GÉRALD.

Tu l'as donné toi-même, Charles. Comme vous l'avez justement observé, la part du secteur minier est très faible. Vous connaissez suffisamment ma correspondance pour savoir que mes créanciers sont passés avec une singulière unanimité du stade de la remontrance à celui de l'indignation.

BLENKINSOP.

Je dis, je suis désolé d'entendre ça, vieil homme.

CHARLES.

S'il ne s'agit que d'une question de salaire, monsieur, je serai prêt à attendre jusqu'à ce que cela vous arrange pour me payer.

GÉRALD.

[*Avec un sourire de remerciement.*] Je t'en suis reconnaissant, Charles; mais, honnêtement, pensez-vous que les demi-mesures puissent m'être utiles ?

CHARLES.

Eh bien, monsieur, pour autant que je connais votre situation...

GÉRALD.

Allons, allons, cette pudeur ne vous va pas bien. Y a-t-il un projet de loi dans cette salle, ou une lettre d'avocat, que vous ne connaissez pas intimement ?

CHARLES.

Eh bien, monsieur, si vous me le demandez franchement, les choses vont plutôt mal.

FREDDIE.

Je dis, ne joue plus au con. Qu'est-ce que tout cela signifie ?

GÉRALD.

Je suis désolé que la manière dont je vous communique une information intéressante ne rencontre pas votre approbation. Voudriez-vous que je m'arrache les cheveux par poignées ?

BLENKINSOP.

Ce serait pittoresque, mais douloureux.

FREDDIE.

Êtes-vous vraiment fauché ?

GÉRALD.

A tel point que j'ai aujourd'hui sous-loué mes chambres. Dans une semaine, Charles, je me débarrasserai de la poussière de Londres, victime de la coutume britannique de primogéniture.

CHARLES.

Oui Monsieur.

GÉRALD.

Avez-vous la moindre idée de ce que je veux dire ?

CHARLES.

Non monsieur.

GÉRALD.

Eh bien, je suis certain que pendant certains des nombreux moments de loisirs dont vous avez profité à mon service, vous avez jeté un œil sur cette page de Burke sur laquelle figure mon nom – de manière insignifiante.

CHARLES.

Je vous demande pardon, monsieur, je vous ai consulté dans la pairie avant d'accepter la situation.

GÉRALD.

Je suis heureux d'apprendre que vos investigations ont été satisfaisantes.

CHARLES.

Eh bien, monsieur, ayant toujours vécu auparavant avec des messieurs titrés, je sentais que je me devais d'être prudent.

GÉRALD.

Je suis submergé par votre condescendance, Charles. Il ne m'est jamais venu à l'esprit que vous preniez mon personnage pendant que je prenais le vôtre.

CHARLES.

Si les serviteurs voulaient de la part de leurs maîtres des caractères aussi bons que ceux-ci souhaitent de la part de leurs serviteurs, j'ai l'idée que beaucoup de messieurs devraient nettoyer leurs propres bottes.

GÉRALD.

Vous scintillez, Charles, mais je déplore votre tendance à la digression.

CHARLES.

Je vous demande pardon, monsieur. Comme vous étiez le deuxième fils d'une personne honorable et très bien connectée, cela ne me dérangeait pas d'insister. Si je puis dire, votre père était presque un noble.

GÉRALD.

La conséquence est cependant que j'ai été élevé sans savoir du tout comment gagner ma vie. J'appartiens à cette vaste armée de fils cadets dont le seul moyen de subsistance est une relation avec un pair du royaume et l'esprit maternel que leur a fourni Dame Nature.

[*Une sonnerie se fait entendre.*

CHARLES.

Il y a quelqu'un à la porte, monsieur. Êtes-vous à la maison?

GÉRALD.

Non, j'attends deux dames pour prendre le thé dans une demi-heure, mais vous ne devez admettre personne d'autre. Ces messieurs seront obligés de me priver de leur société dans vingt-cinq minutes.

BLENKINSOP.

Pas du tout. Pas du tout.

GÉRALD.

Je répète avec beaucoup de fermeté que ces messieurs seront contraints par un engagement antérieur de me quitter dans *vingt* minutes.

BLENKINSOP.

Ce sera difficile après cela de rendre notre départ tout à fait naturel, n'est-ce pas ?

[*On entend une deuxième sonnerie.*

GÉRALD.

Personne ne doit entrer.

CHARLES.

Tres bien Monsieur.

[*Il sort.*

BLENKINSOP.

Je dis, vieil homme, je suis terriblement désolé d'apprendre cette mauvaise nouvelle de ta part. Je ne peux rien faire pour t'aider ?

GÉRALD.

Non merci.

[*On sonne continuellement, avec la plus grande impatience.*

FREDDIE.

Par Jupiter, quel que soit votre visiteur, il n'aime pas qu'on le fasse attendre.

MME DOT.

[*Dehors.*] M. Halstane est-il à la maison ?

FREDDIE.

[*Doucement.*] Eh bien, c'est ma tante.

BLENKINSOP.

Mme Dot.

GÉRALD.

Chut !

CHARLES.

Pas à la maison, madame.

MME DOT.

[*Dehors.*] Un non-sens. Je veux le voir très particulièrement.

CHARLES.

Je suis vraiment désolé, madame. M. Halstane est sorti il y a à peine cinq minutes. Je me demande presque que tu ne l'as pas rencontré dans les escaliers.

MME DOT.

Oui, je sais tout cela.

[MME WORTHLEY *entre. C'est une jolie petite femme, très merveilleusement vêtue. Elle est franche, ouverte et pleine d'entrain.* CHARLES *la suit dans la pièce .*

MME DOT.

Oh! Vous êtes trois. Charles, comment peux-tu raconter de telles histoires ?

CHARLES.

[*Très gravement.*] M. Halstane n'est *pas* chez lui, madame.

GÉRALD.

[*S'avançant et lui prenant la main.*] Charles est choqué par votre manque de décorum.

MME DOT.

Fuyez, Charles. Et ne recommencez pas... Je suppose que vous pensez que ce genre de chose ne se fait pas dans les meilleures familles ?

CHARLES.

[*Avec raideur.*] Non, madame.

MME DOT.

J'ai vu un de mes drays dehors, alors j'ai pensé que j'allais juste regarder à l'intérieur pour voir si tu l'aimais.

CHARLES.

[*Glacial.*] Je vous demande pardon, madame ?

MME DOT.

La bière, mon brave homme, la bière ! Ne sais-tu pas que je suis *l'entier de Worthley* ?

CHARLES.

Je n'ai jamais réfléchi à ce sujet, madame.

MME DOT.

Et notre bière familiale demi-couronne est très bonne, même si je le dis comme il ne faut pas.

GÉRALD.

Tu peux y aller, Charles.

[*Sans un mot, beaucoup sur sa dignité* CHARLES *part* .

GÉRALD.

[*Gaiement.*] Heureusement que je viens de le prévenir, car Charles ne resterait certainement jamais dans une maison où il aurait été aussi grossièrement insulté.

MME DOT.

J'adore choquer Charles. Il est si distingué. Chaque fois que je viens ici, je le vois essayer de ne pas montrer qu'il est parfaitement conscient que j'ai quelque chose à voir avec le commerce.

BLENKINSOP.

Le monde est si dégénéré que c'est seulement parmi les domestiques qu'on trouve le respect de la noblesse terrienne et le mépris du commerce.

MME DOT.

[*À* FREDDIE .] Je suis heureux de voir que vous ne ruinez pas votre santé en travaillant trop dur en tant que secrétaire.

FREDDIE.

J'ai déjeuné avec Blenkinsop. J'ai répondu à une cinquantaine de lettres de mendicité avant de sortir ce matin.

MME DOT.

[*À* GÉRALD .] Vous n'avez pas encore dit que vous étiez content de me voir.

GÉRALD.

Je ne suis pas sûr de l'être, vraiment.

MME DOT.

[*Pas du tout déconcerté.*] Alors dis que tu aimes ma robe.

GÉRALD.

Oui, il est très agréable.

MME DOT.

Très agréable! Je devrais penser que c'était très sympa. Il n'y a personne à Londres qui oserait porter quelque chose d'aussi scandaleux. Et quant au chapeau....

BLENKINSOP.

Le chapeau est hideux. Mais je suppose que c'est à la mode.

MME DOT.

Mon cher James, où as-tu fait tes études ?

BLENKINSOP.

À Eton.

MME DOT.

Eh bien, ils ne vous ont rien appris sur les vêtements.

BLENKINSOP.

J'aimerais parfois que les femmes gentilles ne se lèvent pas comme si elles n'étaient pas meilleures qu'elles ne devraient l'être.

MME DOT.

Ne sois pas si absurde. L'idéal d'une femme qui prend soin de ses robes est de ressembler le plus possible à une coquine abandonnée.

[MME DOT *choisit la chaise la plus confortable de la pièce* .

GÉRALD.

J'ai bien peur de ne pas pouvoir vous demander de vous asseoir.

MME DOT.

Oh, ne vous embêtez pas. Je suis parfaitement capable de le faire de mon propre chef... Si vous pensez que je pars avant d'avoir répondu à cent cinquante questions, vous vous trompez lourdement. Tout d'abord, je veux savoir pourquoi tu n'as pas été près de moi la semaine dernière ? Alors pourquoi essaies-tu de me garder à l'écart ? Et enfin, pourquoi montrez-vous tant de désir de vous débarrasser de moi quand je suis ici ?

GÉRALD.

Je ne vous ai pas vu parce que j'ai été particulièrement occupé. J'ai dit que je n'étais pas chez moi parce que je suis de la pire humeur possible. Et je veux me débarrasser de toi parce que j'attends quelqu'un d'autre.

MME DOT.

Je suppose que si j'étais une personne pleine de tact, je devrais maintenant appeler ma voiture ?

GÉRALD.

J'imagine que vous me demanderiez de sonner.

MME DOT.

Eh bien, je ne ferai ni l'un ni l'autre. En premier lieu, vos réponses sont toutes absurdes et en second lieu, je veux savoir qui vient ? Si c'est quelqu'un que je connais, je m'arrêterai et lui dirai : Comment vas-tu, et si ce n'est pas le cas, je veux voir à quoi *ça* ressemble.

GÉRALD.

Je suppose que tu sais que je suis parfaitement capable de te chasser de force.

MME DOT.

Si tu me touches, je crierai.

[*Elle regarde rapidement* FREDDIE *et* BLENKINSOP *, puis sourit* .

MME DOT.

Oh, Freddie, j'avais complètement oublié. J'ai une pile de lettres que j'ai trouvées en sortant cet après-midi. Il y a trois pauvres ecclésiastiques qui ne peuvent pas payer leurs factures, et il y a cinq vieilles filles qui ne savent pas où se tourner pour obtenir leur trimestre de loyer, et il y a sept dames méritantes avec chacune un mari affamé et seize enfants.

BLENKINSOP.

Comme c'est immoral !

MME DOT.

Ce serait bien plus immoral s'ils avaient chacun un enfant affamé et seize maris.

BLENKINSOP.

Je suppose qu'il ne vous est jamais venu à l'esprit que vous faites beaucoup plus de mal que de bien par votre charité aveugle ?

MME DOT.

Ne sois pas si vieux. Si cela me procure un certain plaisir de donner de l'argent, pourquoi diable ne le ferais-je pas ? J'ose dire que dix-neuf personnes sur vingt que j'aide ne valent absolument rien, mais ce n'est qu'en faisant quelque chose pour elles toutes que je peux être sûr de ne pas rater la vingtième.

FREDDIE.

Veux-tu que je leur écrive immédiatement ?

MME DOT.

À cette minute même.

FREDDIE.

[*Avec un sourire.*] Mais ça ne fera que me débarrasser de moi, tu sais. Blenkinsop sera toujours là.

MME DOT.

[*Froidement.*] James, va voir que Freddie écrit gentiment ses lettres. Il vient tout juste de descendre d'Oxford et son orthographe est plutôt fragile.

BLENKINSOP.

[*Avec un grognement.*] Vous pourrez nous faire signe lorsque vous aurez eu votre exposé.

MME DOT.

Maintenant, attention, Freddie. I avant E sauf après C.

[*Ils sortent.*

GÉRALD.

[*En riant.*] Vous êtes une femme très audacieuse, Mme Dot.

MME DOT.

[*Avec un changement de ton.*] Qu'est-ce qu'il y a, Gérald ?

GÉRALD.

[*Surpris.*] Avec moi?

MME DOT.

Ne veux-tu pas le dire à un vieil ami ?

GÉRALD.

[*Après une très courte pause.*] Rien pour lequel vous puissiez m'aider, Mme Dot.

MME DOT.

Ne veux-tu pas laisser Mme de côté ? J'ai l'impression d'avoir trente-cinq ans.

GÉRALD.

Vous êtes un bon type et nous avons passé des moments charmants ensemble. Je suis heureux que vous soyez venu aujourd'hui, car cela m'a donné l'occasion de vous remercier pour toute votre gentillesse envers moi.

MME DOT.

Mon cher garçon, de quoi *parles* -tu ?

GÉRALD.

Eh bien, le fait est que j'ai dépensé beaucoup d'argent ces derniers temps et que je suis plutôt fauché.

MME DOT.

Qu'est ce que c'est stupide de ma part! J'ai toujours eu tellement de choses moi-même que je ne pense jamais que quelqu'un d'autre puisse être en difficulté. Et je t'ai laissé payer toutes sortes de choses pour moi, des théâtres, des dîners et Dieu sait quoi. Je dois te devoir une fortune parfaite.

GÉRALD.

Absurdité! Vous ne me devez pas un centime.

MME DOT.

Eh bien, à l'avenir, j'insiste pour tout payer. Je ne vais pas renoncer à nos petits dîners au Savoy, à nos dîners et tout le reste. Ne sois pas si stupide. Vous savez que j'ai dix fois plus d'argent que je ne sais quoi en faire.

GÉRALD.

Oui, je te vois me glisser furtivement ton sac à main dans la main pour que je paye un déjeuner et me donner un shilling pour le taxi. Non, merci.

MME DOT.

Ensuite, nous économiserons ensemble. Cela signifie simplement aller au parterre d'un théâtre au lieu de prendre une loge. Eh bien, j'aime beaucoup mieux la fosse. Vous voyez toutes les femmes entrer et vous critiquez leurs poils en arrière. Et tu suces tout le temps de délicieuses oranges. Cela me met l'eau à la bouche d'y penser. Et nous prendrons un bus au lieu de prendre des taxis. Ils sont beaucoup plus sûrs et j'aime m'asseoir sur le siège avant et parler au conducteur. Les chauffeurs de bus sont toujours de si beaux hommes.

GÉRALD.

Il ne s'agit pas de conduire des bus, mais de marcher sur mes pieds plats.

MME DOT.

Très bien. Tu marcheras sur tes pieds plats, et je marcherai à tes côtés sur mon cou-de-pied cambré.

GÉRALD.

Les choses sont arrivées à tel point que je dois soit mendier, soit voler, soit travailler.

MME DOT.

Alors dites-moi exactement où en sont les choses.

GÉRALD.

Cela ne ferait que t'ennuyer, et d'ailleurs tu ne comprendrais pas.

MME DOT.

Maintenant, tu parles à travers ton chapeau, mon ami. Vous parlez simplement à travers votre chapeau. Je me flatte qu'il y a peu d'hommes qui aient un meilleur sens des affaires que moi. Depuis la mort de mon mari, j'ai presque doublé nos bénéfices. La brasserie n'a jamais été aussi florissante. J'ai dit au peuple britannique, sur cinquante mille panneaux publicitaires, de boire la Half-Crown Family Ale de Worthley, et par Jupiter, le peuple britannique le fait.

GÉRALD.

Espèce de drôle de petite chose.

MME DOT.

Eh bien, maintenant, raconte-moi tout cela et voyons si les choses ne peuvent pas être remises au clair.

GÉRALD.

Oh, ma chérie, j'ai bien peur qu'ils soient dans un terrible désastre. Je n'ai jamais eu beaucoup d'argent au départ et je me suis endetté. Ensuite, j'ai tenté un flottement à la Bourse, et les actions confondues ont baissé régulièrement depuis le jour où j'ai acheté.

MME DOT.

C'est le cas des actions lorsque des imbéciles les achètent.

GÉRALD.

Mais j'ose dire que j'aurais pu surmonter cela, seul un de mes amis s'est retrouvé dans un trou et j'ai soutenu une facture pour lui.

MME DOT.

Tu ne veux pas dire que tu as fait ça ?

GÉRALD.

J'y étais obligé. Je ne pouvais pas le laisser sombrer sans essayer de faire quelque chose.

MME DOT.

Espèce d'âne, espèce d'âne parfait !

GÉRALD.

Il a juré qu'il serait capable de payer l'argent.

MME DOT.

Je n'ai encore jamais connu d'homme, ni de femme d'ailleurs, qui s'en tiendrait à un mensonge tonitruant quand il voulait de l'argent. Et quel est le résultat ?

GÉRALD.

Eh bien, le résultat est qu'après avoir tout payé, il me restera environ cinq cents livres. Je propose d'aller en Amérique et de vivre un peu la vie dure.

MME DOT.

Pardonnez ma question, mais pensez-vous qu'un beau visage, un talent pour la conversation et un certain charme dans vos manières vous permettront de gagner votre pain quotidien ?

GÉRALD.

[*En riant.*] Je ne veux pas paraître vaniteux, mais bien que j'aie fait de mon mieux pour les cacher, je crois avoir deux ou trois autres qualités qui me seront plus utiles.

MME DOT.

En fin de compte, vous êtes ruiné.

GÉRALD.

Absolument.

MME DOT.

Je suis ravi de l'entendre.

GÉRALD.

Point!

MME DOT.

Je suis. Je n'y peux rien. Mais je pense que votre projet d'aller aux États-Unis est tout simplement insensé.

GÉRALD.

Que *puis* -je faire d'autre? Le Cap est entièrement joué.

MME DOT.

Espèce de créature stupide.

GÉRALD.

Je vous demande pardon!

MME DOT.

Vous appartenez à une classe dont la principale ressource, lorsqu'elle a dilapidé son argent, est un riche mariage. La coutume est si bien connue que lorsqu'un homme de bonne famille émigre plutôt que d'y recourir, la société est indignée et méfiante.

GÉRALD.

Merci. Je ne me vois pas me marier pour de l'argent.

MME DOT.

Ne sois pas si absurde. Je n'ai jamais entendu dire que le cours du véritable amour se déroulait moins bien parce qu'une charmante veuve avait soixante mille dollars de rente.

GÉRALD.

Que *veux*- tu dire?

MME DOT.

Mon cher garçon, je ne suis pas un parfait imbécile. Un homme pense qu'une femme ne voit jamais rien à moins de le regarder avec les deux yeux grands ouverts à la fois. Ne sais-tu pas qu'elle peut voir les choses à l'arrière de sa tête avec un mur de pierre entre les deux ?

GÉRALD.

Qu'as tu vu, alors ?

MME DOT.

J'ai vu mille choses. J'ai vu tes yeux s'illuminer quand je suis entré dans la pièce, je t'ai vu me regarder quand tu pensais que je ne regardais pas. Je vous ai vu mépriser n'importe quel jeune imbécile qui me faisait un compliment scandaleux. J'ai vu le plaisir que vous aviez à me rendre un petit service. Je t'ai vu guetter l'occasion de mettre mon manteau sur mes épaules après la pièce. Et – je suis désolé – mais j'en suis arrivé à la conclusion que tu es amoureux de moi. J'ose dire que le fait vous a échappé, mais c'est uniquement parce que les hommes sont si déplorablement stupides.

GÉRALD.

[*Gravement.*] Tu trouves que c'est plutôt gentil de se moquer de moi maintenant ?

MME DOT.

Mais je ne me moque pas de toi, ma chère. Je suis si contente, si flattée et si touchée. Au début, je pensais que je n'étais qu'un imbécile et que je voyais ces choses uniquement parce que je le voulais. Et quand ta main tremblait un peu en prenant la mienne, j'avais peur que ce soit seulement ma main qui tremblait. Et enfin, quand j'ai été certain que tu étais aussi amoureux de moi que je l'étais de toi, j'étais si heureux que j'ai pleuré pendant deux heures. Et j'ai dû utiliser toute une boîte de poudre avant de pouvoir me rendre à nouveau présentable.

GÉRALD.

[*Grimaçant.*] J'ai peur que vous me preniez pour une brute. J'aurais dû te dire il y a longtemps que je suis fiancée.

MME DOT.

Gérald !

GÉRALD.

Je suis fiancé à Nellie Sellenger depuis trois ans.

MME DOT.

Pourquoi tu ne me l'as pas dit ?

GÉRALD.

Personne n'était censé en savoir quoi que ce soit. Et... j'avais peur de te perdre. Oh, Dot, Dot, je t'aime de tout mon cœur. Et je suis si heureux d'être obligé de vous le dire enfin.

MME DOT.

Mais je ne comprends pas du tout.

GÉRALD.

Vous savez que Nellie Sellenger est une vieille amie à moi.

MME DOT.

Oui, c'est chez les Sellenger que je t'ai rencontré pour la première fois.

GÉRALD.

Eh bien, il y a trois ans, nous résidions au même endroit à la campagne et j'étais un jeune imbécile.

MME DOT.

Tu veux dire qu'il n'y avait pas d'autre fille là-bas, et donc tu as flirté avec elle. Mais vous n'avez pas besoin de lui demander de vous épouser.

GÉRALD.

[*En m'excusant.*] C'était un simple accident. Il s'est effondré dans mes mains, pour ainsi dire.

MME DOT.

Vraiment?

GÉRALD.

Nous nous promenions dans le jardin après le dîner et une lune parfaitement absurde brillait. Cela semblait évident.

MME DOT.

Et bien sûr, elle a accepté. La fille de dix-huit ans le fait toujours.

GÉRALD.

Mais Lady Sellenger refusa d'en entendre parler. Elle me trouvait tout à fait inéligible.

MME DOT.

Lady Sellenger est une femme sensée. Elle avait tout à fait raison.

GÉRALD.

Je ne suis pas si sûr. Si elle nous avait donné sa bénédiction et nous avait dit de faire ce que nous voulions, nous aurions probablement dû rompre au bout de trois semaines. Mais elle était plutôt offensante à ce sujet. Elle a refusé de laisser Nellie me voir, et le résultat était que nous nous croisions toujours dans les salons de thé de Bond Street.

MME DOT.

Monstrueux! Et tant pis pour la digestion.

GÉRALD.

Il y a quelque temps, Lady Sellenger a découvert que nous nous écrivions, etc., alors elle est venue me voir et m'a dit qu'elle avait décidé d'emmener Nellie à l'étranger pendant un an. Elle m'a fait promettre de n'avoir aucune communication avec elle pendant ce temps, et a convenu que si nous étions toujours du même avis à leur retour, elle retirerait l'opposition et nous permettrait de nous engager correctement.

MME DOT.

Une annonce dans le *Morning Post* et tout ce genre de choses ?

GÉRALD.

Je suppose.

MME DOT.

Et quand reviennent-ils ?

GÉRALD.

Ils sont revenus la semaine dernière. Mais je n'ai pas encore eu l'occasion de parler à Nellie. L'année est terminée aujourd'hui, et ce matin j'ai reçu un mot de Lady Sellenger me demandant s'ils pouvaient venir prendre le thé.

MME DOT.

Et qu'est-ce que tu vas lui dire ?

GÉRALD.

Bonté divine! Que puis-je dire ? J'étais assez pauvre il y a un an, mais maintenant je suis sans le sou. Je suis obligé de demander ma libération.

MME DOT.

Alors pourquoi diable as-tu essayé de me rendre complètement malheureux ?

GÉRALD.

Vous savez, je ne veux pas passer pour un horrible con, mais je ne pense pas que j'aimerais beaucoup faire quelque chose de minable. Si Nellie veut que je tienne ma promesse, je ne reculerai pas.

MME DOT.

Oh, mais elle ne le fera pas. Elle sera ravie de se débarrasser de toi.

GÉRALD.

J'ai bien peur de devoir vous dire autre chose.

MME DOT.

Plus? Ne dites pas que vous avez un passé horrible, parce que je ne bougerai pas.

GÉRALD.

Non c'est pas ça. Vous savez que Lord Hollington est un de mes parents.

MME DOT.

Il n'est qu'un quinzième cousin, n'est-ce pas ? Beaucoup trop éloigné pour s'en vanter.

GÉRALD.

Il y a un an, trois vies me séparaient de la pairie. Il semblait impossible que je puisse jamais entrer dans quoi que ce soit.

MME DOT.

Bien?

GÉRALD.

Mais l'hiver dernier, mon cousin Georges s'est malheureusement cassé le cou dans un champ de chasse, et son pauvre vieux père est mort sous le choc. Si quelque chose arrivait à mon cousin Charles, tout me reviendrait.

MME DOT.

Et Lady Sellenger retirerait sans aucun doute son opposition à votre mariage.

GÉRALD.

C'est une femme très gentille, mais elle a plutôt un sens aigu de la grande chance.

MME DOT.

Même sa meilleure amie hésiterait à la qualifier de désintéressée. Mais pourquoi quelque chose devrait-il arriver à Lord Hollington ? Il est assez jeune, n'est-ce pas ? J'ai vu ses fiançailles annoncées dans le *Morning Post* il y a peu de temps.

GÉRALD.

Il est actuellement en Inde. C'est un soldat, vous savez. Il semble qu'il y ait des problèmes à la frontière nord-ouest et c'est lui qui commande l'expédition.

MME DOT.

Oh, mais il ne lui arrivera rien. Il vivra jusqu'à quatre-vingts ans.

GÉRALD.

Je suis sûr que j'espère qu'il le fera.

MME DOT.

Dis encore que tu m'aimes, Gerald.

GÉRALD.

[*Souriant.*] Je ne devrais pas encore le faire.

MME DOT.

Tu sais, tu dois m'épouser. J'insiste là-dessus. Après tout, vous avez honteusement joué avec mon affection. Oh, nous serons si heureux, Gerald. Et nous ne vieillirons jamais plus qu'aujourd'hui. Vous savez, je suis vraiment un très bon type. Je dis beaucoup de bêtises, mais je ne le pense pas. Je l'écoute très rarement moi-même. J'en ai marre de la société. Je veux m'installer et être domestiqué. Je vais m'asseoir à la maison et repriser tes chaussettes. Et je le détesterai, et je serai si heureux. Et si vous voulez être indépendant, vous pouvez travailler à la brasserie. Nous voulons un homme intelligent et énergique pour nous tenir au courant. Et nous aurons une jolie loge à l'opéra, et tu pourras toujours t'échapper pour le tournage.

[*Une sonnerie se fait entendre.*

GÉRALD.

Ils sont là.

MME DOT.

Bonté divine! J'avais complètement oublié ces misérables gens là-bas.

[*Elle ouvre la porte de la salle à manger.*

MME DOT.

Je ne veux pas vous déranger, mais si vous avez complètement terminé votre conversation, vous aimeriez peut-être venir prendre le thé.

[BLENKINSOP *et* FREDDIE *entrez et allez au feu* .

BLENKINSOP.

J'observe avec intérêt que votre remarque est facétieuse.

FREDDIE.

Je suis tout simplement gelé.

MME DOT.

Cela ne vous dérangeait pas d'être enfermé là-dedans, n'est-ce pas ?

BLENKINSOP.

Pas du tout. J'aime plutôt m'asseoir dans une pièce arctique sans feu, avec une fenêtre donnant sur un mur blanc, et la société de votre neveu et le *Sporting Times* de la semaine d'avant-dernière comme seul moyen de divertissement.

[CHARLES *entre pour annoncer le* VENDEURS . *Il sort et apporte le thé.*

CHARLES.

Dame et Miss Sellenger.

[*Entrer* DAME SELLENGER *et* NELLIE . DAME SELLENGER *est une femme pompeuse de cinquante ans, grosse, alerte et intelligente . NELLIE est très jolie et gracieuse, et habillée à la mode. Elle semble être fortement sous l'influence de sa mère.*

DAME SELLENGER.

Comment avez-vous fait? Ah, Mme Worthley ! Délicieux!

GÉRALD.

[*Serrer des mains.*] Comment avez-vous fait? Je pense que vous connaissez M. Blenkinsop ?

DAME SELLENGER.

Bien sûr. Mais je ne l'approuve pas.

BLENKINSOP.

Pourquoi pas?

DAME SELLENGER.

Parce que tu es cynique, millionnaire et célibataire. Et aucun homme n'a le droit d'être les trois.

MME DOT.

Et comment as-tu aimé l'Italie ?

DAME SELLENGER.

Un endroit largement surestimé. Tant de filles à marier et si peu d'hommes éligibles.

GÉRALD.

[*Présentation.*] M. Perkins, Lady Sellenger—Mlle Sellenger.

MME DOT.

Mon neveu et ma secrétaire.

DAME SELLENGER.

Vraiment. Comme c'est très intéressant ! Presque romantique.

FREDDIE.

Comment avez-vous fait?

DAME SELLENGER.

Chère Mme Worthley, quelle charmante robe ! Vous portez toujours des choses tellement frappantes.

MME DOT.

Ça fait de la publicité pour la bière, tu ne sais pas.

DAME SELLENGER.

J'aimerais pouvoir le boire, Mme Worthley, mais c'est tellement gras. Je comprends que tu l'as toujours sur ta table.

MME DOT.

Je pense que c'est le moins que je puisse faire, car ce n'est que grâce à la bière que je peux avoir une table.

NELLIE.

[*À* MME DOT *.*] Puis-je vous donner du thé ?

MME DOT.

[*Je me dirige vers la table à thé.*] Merci beaucoup.

[GÉRALD *vient à* DAME SELLENGER *avec une tasse. Elle le prend. Les autres sont rassemblés autour de la table à thé, qui est tout au fond, et discutent entre eux.*

DAME SELLENGER.

Viens t'asseoir à côté de moi, Gerald. Je n'ai pas eu un mot avec toi depuis notre retour d'Italie.

GÉRALD.

[*Légèrement.*] Qu'est-ce que tu vas me dire ?

DAME SELLENGER.

Vous devinez pourquoi je vous ai écrit pour vous demander si nous pouvions venir vous voir aujourd'hui ?

GÉRALD.

[*En hausse.*] Oui.

DAME SELLENGER.

Maintenant, asseyez-vous. Et faites comme si vous parliez de la météo.

GÉRALD.

C'est un peu difficile d'en discuter avec indifférence.

DAME SELLENGER.

Mon cher garçon, ce sont les petites difficultés de la vie qui l'empêchent d'être ennuyeuse. Nous ne serions pas meilleurs que les bêtes des champs si nous n'avions aucune inquiétude concernant notre âme et notre position dans la société.

GÉRALD.

Je vois.

DAME SELLENGER.

[*Plutôt avec impatience.*] Mon cher Gérald, pourquoi ne m'aides-tu pas ? Ce que j'ai à dire est vraiment très désagréable. Tu sais que j'ai toujours eu pour toi une affection des plus sincères. Dans d'autres circonstances, je n'aurais pas souhaité un meilleur gendre.

GÉRALD.

C'est très gentil de votre part de le dire.

DAME SELLENGER.

Je vous assure depuis trois ans qu'un mariage était absurde, et maintenant je veux vous dire que c'est impossible. L'amour, c'est bien beau à sa manière, mais ça ne compense pas une maison minable en banlieue.

GÉRALD.

Vous n'êtes pas romantique, Lady Sellenger.

DAME SELLENGER.

Ma chérie, quand tu auras mon âge, tu conviens avec moi que seuls les faits comptent vraiment. L'amour dans une datcha est une illusion de jeunesse. C'est déjà assez difficile après dix ans de mariage solide à Grosvenor Square.

GÉRALD.

Vous vous êtes mariée par amour, Lady Sellenger.

DAME SELLENGER.

J'ai hâte que ma fille ne fasse pas la même erreur. Maintenant, soyons francs les uns envers les autres... Êtes-vous sûr qu'ils n'écoutent pas ?

GÉRALD.

[*Jetant un coup d'œil aux autres.*] Ils semblent très occupés par leurs propres affaires. Quel est votre ultimatum ?

DAME SELLENGER.

Eh bien, Gerald, je ne suis pas du tout un mercenaire. Je sais que l'argent ne peut pas donner le bonheur. Mais j'ai le sentiment qu'à moins d'en avoir au moins deux mille par an, on ne peut même pas mettre ma fille à l'aise.

GÉRALD.

Je suis sûr que c'est très modeste.

DAME SELLENGER.

Ce n'est pas l'amour dans un chalet. Ce n'est pas l'amour dans un palais. C'est juste un mariage dans les jardins d'Onslow.

GÉRALD.

Autant vous dire tout de suite que j'ai eu très malchance. Je voulais gagner de l'argent et je suis devenu un véritable recadrage.

DAME SELLENGER.

Mon cher Gérald, je suis vraiment désolé. Est-ce si grave que tout ça ?

GÉRALD.

Cela ne pourrait pas être bien pire.

DAME SELLENGER.

Cher moi, c'est très triste. Mais bien sûr, cela simplifie les choses, n'est-ce pas ?

GÉRALD.

Énormément. Cela met complètement hors de question le mariage et ne me laisse qu'une seule voie ouverte. Je profiterai de la première occasion pour demander ma libération à Nellie.

DAME SELLENGER.

Quel dommage que tu sois si pauvre ! Vos principes sont vraiment excellents.

GÉRALD.

Mais qu'en est-il de Nellie ? Comment va-t-elle le prendre ?

DAME SELLENGER.

Elle est si réservée, la pauvre chérie ! Elle ne parle jamais de ses sentiments. Mais après trois saisons londoniennes, la plupart des filles ont appris à se plier à l'inévitable. Et comment va Lord Hollington ?

GÉRALD.

Il doit se marier dès son retour d'Inde.

DAME SELLENGER.

C'était terriblement triste que son oncle et son cousin meurent d'ici un an. Si quelque chose lui arrivait, vous seriez dans des circonstances très différentes. Mais, bien sûr, ce serait mal de le souhaiter. J'espère que tu ne le feras jamais.

GÉRALD.

Jamais. J'espère qu'il vivra jusqu'à cent ans.

DAME SELLENGER.

Et j'ose dire qu'il aura quinze enfants. Ces hommes délicats le font souvent... Pourquoi ne parlez-vous pas à Nellie maintenant pour en finir ?

GÉRALD.

À cette minute même ? Avec d'autres personnes dans la pièce ?

DAME SELLENGER.

C'est juste ça, je ne veux donner à aucun de vous la possibilité d'exprimer vos sentiments.

GÉRALD.

Vous êtes certainement très pratique.

DAME SELLENGER.

Aucune femme ne peut se permettre d'être sentimentale quand elle a une fille à marier... Pour l'amour du ciel, ne faites pas pleurer Nellie, nous dînons dehors ce soir.

GÉRALD.

Je ferai de mon mieux pour être très concret.

DAME SELLENGER.

[*Élevant la voix.*] M. Blenkinsop, je veux me disputer avec vous !

BLENKINSOP.

[*S'avançant.*] Vous me remplissez de consternation.

DAME SELLENGER.

Vous nous avez croisés à Pall Mall cet après-midi et vous nous avez tués.

BLENKINSOP.

Je suis vraiment désolé, je ne t'ai pas vu. Je venais d'aller au War Office pour savoir s'il y avait des nouvelles de ces types en Inde. Au fait, Halstane, Hollington n'est-il pas un de vos proches ?

GÉRALD.

Oui pourquoi?

BLENKINSOP.

Vous n'avez rien vu dans le journal ?

GÉRALD.

Non.

BLENKINSOP.

Oh, mais sûrement. Il y aura sûrement quelque chose à ce sujet à *Westminster*

.

[*Il prend le journal.*

GÉRALD.

C'est un début.

[*On entend faiblement les cris de « Spécial ».*

FREDDIE.

Écoutez, la dernière édition arrive.

DAME SELLENGER.

Mais qu'y a-t-il, M. Blenkinsop ?

BLENKINSOP.

Une petite force a été envoyée pour punir certains habitants des collines, qui s'étaient rendus gênants, et on n'en a plus entendu parler depuis. L'idée est qu'il y a peut-être eu des problèmes et qu'ils ont tous été divisés.

MME DOT.

Mais en quoi cela concerne-t-il Lord Hollington ?

BLENKINSOP.

Il en était aux commandes.

GÉRALD.

Bon dieu!

BLENKINSOP.

Lorsque j'y étais il y a quelques heures, le War Office n'avait aucune nouvelle.

GÉRALD.

Mais pourquoi tu ne m'en as pas parlé ?

BLENKINSOP.

Je pensais que tu savais. J'avais oublié pour le moment que Hollington avait quelque chose à voir avec toi. C'est un parent très éloigné, n'est-ce pas ?

GÉRALD.

Oui, je le connais à peine.

DAME SELLENGER.

Mais s'il lui est arrivé quelque chose...

[*Pleure en dehors de « Spécial, Spécial ».*

MME DOT.

Pourquoi tu ne prends pas de papier ? Freddie, cours en chercher un, tu veux ?

GÉRALD.

Non, Charles peut y aller.

[*Il sonne et* CHARLES *entre immédiatement* .

GÉRALD.

Oh, Charles, prends un papier immédiatement. Dépêche-toi!

CHARLES.

Tres bien Monsieur.

[*Il sort. Dehors, des cris de « Terrible catastrophe en Inde ».*

GÉRALD.

Par Jupiter, as-tu entendu ça ?

[*Cris de « Spécial, Spécial ».*

DAME SELLENGER.

Pourquoi ne se dépêche-t-il pas ?

GÉRALD.

Absurdité. Cela n'a rien à voir avec Hollington.

MME DOT.

[*Avec sa main sur son bras, anxieuse.*] Gérald.

[FREDDIE PERKINS *regarde par la fenêtre* .

FREDDIE.

Voici Charles. Par Jupiter, il ne se presse pas beaucoup.

GÉRALD.

A-t-il un vendeur de journaux ?

FREDDIE.

Oui. Que diable fait-il ?

GÉRALD.

[*À la fenêtre.*] Bon Dieu, il lit le journal.

DAME SELLENGER.

Le suspense est trop terrible.

FREDDIE.

Il y a un autre vendeur de journaux qui court dans la rue.

[*Cris de « Spécial, Spécial ».*

GÉRALD.

Dieu merci, il monte enfin. J'aimerais lui donner un coup de pied.

[*Cris de « Terrible catastrophe en Inde. «Mort héroïque de Lord 'Ollington.»*

Bon dieu!

[*Ils restent tous silencieux, pleins de consternation.* CHARLES *entre avec le papier* .

Dépêche-toi, mec ! Qu'est-ce que tu as fait ?

[*Il lui arrache le papier.*

CHARLES.

[*Avec dignité.*] J'ai fait tout ce que j'ai pu, mon seigneur.

[GÉRALD *s'arrête un instant de regarder le journal de haut en bas et le regarde* .

GÉRALD.

Qu'est-ce que tu veux dire ?

[*Il regarde le journal, le lit et le laisse tomber.*

MME DOT.

Est-ce vrai, Gérald ?

[*Il la regarde et hoche la tête.*

GÉRALD.

Pauvre gars. Et juste au moment où il allait se marier.

CHARLES.

Dois-je apporter votre chapeau et votre manteau, monseigneur ?

GÉRALD.

De quoi tu parles?

CHARLES.

Je pensais que Votre Seigneurie aimerait aller voir le War Office.

GÉRALD.

Fermez-la!

[*Sortie* CHARLES .

DAME SELLENGER.

Mon cher garçon, je te félicite de tout mon cœur.

GÉRALD.

Oh, ne me rappelle pas déjà ça.

DAME SELLENGER.

Je peux bien comprendre que vous soyez un peu contrarié, mais après tout, ce n'était qu'un de vos parents très éloignés.

BLENKINSOP.

Je ne comprends pas ce que tout cela signifie.

GÉRALD.

N'as-tu pas entendu cet imbécile de serviteur ? C'était la première chose à laquelle il pensait.

MME DOT.

Gérald réussit à la pairie !

GÉRALD.

Oui.

MME DOT.

N'aimeriez-vous pas qu'on vous laisse tranquille ? Je suis sûr que tu veux réfléchir un peu ?

DAME SELLENGER.

Viens, Nellie !

GÉRALD.

Je suis désolé de vous expulser. Au revoir. J'avais quelque chose à te dire, Nellie.

NELLIE.

Nous n'avons pas eu l'occasion de nous parler.

DAME SELLENGER.

[*Onctueusement.*] C'est très chanceux. Vous aurez désormais des choses beaucoup plus agréables à raconter.

[*Il la regarde sans comprendre.*

DAME SELLENGER.

Les choses sont très différentes maintenant, Gerald. C'est juste arrivé à temps, n'est-ce pas ?

NELLIE.

Au revoir.

[DAME SELLENGER *et* NELLIE *sortir* .

BLENKINSOP.

Au revoir, mon vieux, je suis désolé que ton cousin ait connu une mort si horrible. Mais après tout, aucun de nous ne le connaissait et nous vous connaissons. Je ne peux pas vous dire à quel point je suis heureux que toutes vos difficultés soient terminées.

GÉRALD.

Je donnerais ma main droite pour redonner vie à Hollington.

BLENKINSOP.

Au revoir.

[*Il sort.*

MME DOT.

Va-t'en, Freddie. Je veux parler à Gérald.

FREDDIE.

Au revoir, vieil homme. Je dis, quelle gentille fille Miss Sellenger est !

GÉRALD.

Au revoir.

[FREDDIE *sort* .

MME DOT.

Bien?

GÉRALD.

La nouvelle est arrivée une heure trop tôt. Cela m'a lié les mains et les pieds.

MME DOT.

Que veux-tu dire par là ?

GÉRALD.

Nellie m'a accepté quand j'étais pauvre et sans importance. Maintenant que je suis aisé, je ne peux pas aller vers elle et lui dire : j'ai changé d'avis et je ne veux pas t'épouser.

MME DOT.

Qu'est-ce que tu veux dire par être aisé ?

GÉRALD.

Je crois que j'en aurai six ou sept mille par an.

MME DOT.

Mais tu ne peux pas vivre avec ça. C'est absurde.

GÉRALD.

[*Avec un sourire.*] Il y a des gens qui vivent avec beaucoup moins, vous savez.

MME DOT.

En plus, elle ne se soucie pas du tout de toi. Je pouvais le voir d'un seul coup d'œil.

GÉRALD.

Comment?

MME DOT.

Une fille qui t'aime n'aurait pas une jupe coupée comme ça.

GÉRALD.

Je ne peux pas reculer maintenant, Dot. Vous devez voir que je ne peux pas.

MME DOT.

Si vous teniez à moi, vous trouveriez facilement un moyen de vous sortir de cette difficulté.

GÉRALD.

Je dois être honnête, Dot... Je ne veux pas paraître snob, mais j'ai un nom ancien et il est plutôt honorable. Je suis en train d'être le chef de famille maintenant. Je ne veux pas commencer par agir comme un goujat.

MME DOT.

Tu sais, je suis bien plus gentil que Nellie. Je suis plus amusant, mieux habillé et j'ai cinq automobiles. C'est vrai qu'elle est plus jeune que moi, mais je n'ai pas l'impression qu'un jour dépasse dix-sept ans. [*En le regardant un peu.*] Et si vous aviez le moindre sens de la décence, vous diriez que je l'ai regardé. Tu as dit que tu m'aimais tout à l'heure. Répétez-le, Gérald. C'est tellement bon à entendre.

GÉRALD.

Je ne vois pas comment nous pouvons nous aider.

MME DOT.

[*Elle commence à s'emporter.*] Je suppose que tu veux juste terminer une scène gênante ? Je ne veux pas te harceler. Pourquoi n'irais-tu pas au War Office ?

GÉRALD.

Vous devez voir que ce n'est pas ma faute. Si nous devons nous séparer, séparons-nous, amis.

MME DOT.

Maintenant, je déclare qu'il veut sentimentaliser. N'est-ce pas assez que tu me rendes terriblement malheureux ? Veux-tu que je dise que ça n'a pas d'importance du tout, comme si tu avais renversé une tasse de thé sur moi ? Pensez-vous que j'aime être complètement misérable ?

GÉRALD.

Pour l'amour du ciel, ne parle pas comme ça. Tu me déchires le cœur.

MME DOT.

Votre cœur? J'aimerais le frapper par terre et piétiner dessus. Il faut s'attendre à souffrir un peu. Tu ne peux pas tout mettre sur moi.

GÉRALD.

Je ne veux pas que tu souffres.

MME DOT.

[*De colère.*] Tu étais assez disposé à m'épouser alors que tu n'avais pas six pence pour te bénir. Quelle chance que votre cousin ne soit pas mort une semaine plus tard !

GÉRALD.

Pensez-vous que je proposais de vous épouser pour votre argent ?

MME DOT.

Oui.

GÉRALD.

Vraiment?

MME DOT.

Non bien sûr que non.

GÉRALD.

Merci.

MME DOT.

Oh, tu n'as pas besoin de prendre ça comme un compliment. Je préférerais avoir affaire à un fripon intelligent plutôt qu'à un honnête imbécile.

GÉRALD.

Ne me diriez-vous pas que vous ne m'en voulez pas ?

MME DOT.

Non.

GÉRALD.

Je dois vraiment aller au War Office.

MME DOT.

Très bien, tu peux y aller.

GÉRALD.

Tu ne viens pas avec moi ?

MME DOT.

Non.

GÉRALD.

J'ai peur que vous vous ennuyiez plutôt ici.

[*Il sonne la cloche, et* CHARLES *entre* .

CHARLES.

Oui mon Seigneur.

GÉRALD.

Je veux mon chapeau et mon manteau.

[CHARLES *sort* .

MME DOT.

Vous souciez-vous de Nellie Sellenger ?

GÉRALD.

Si cela ne vous dérange pas, je ne répondrai pas à cette question. A moins qu'elle ne demande sa liberté, je propose de l'épouser.

[CHARLES *apporte le chapeau et le manteau* . MME DOT *le regarde pendant qu'il les met* .

GÉRALD.

Au revoir.

[*Il sort.* MME DOT *se retourne et fait face* CHARLES .

MME DOT.

Charles, as-tu déjà été marié ?

CHARLES.

Deux fois, madame.

MME DOT.

Et l'expérience vous a-t-elle appris que lorsqu'une femme veut quelque chose, elle l'obtient généralement ?

CHARLES.

[*Avec un soupir.*] C'est vrai, Madame.

MME DOT.

C'est aussi mon avis, Charles.

[*Elle sort.* CHARLES *commence à nettoyer les affaires de thé* .

FIN DU PREMIER ACTE

LE DEUXIÈME ACTE

La terrasse de CHEZ MME DOT *maison au bord de la rivière. Il y a des masses de rosiers en pleine floraison. Au fond se trouve la maison, couverte de plantes grimpantes.*

Une table est dressée pour le déjeuner, avec quatre chaises.

MLLE MACGREGOR *est assis sur une chaise de jardin, en train de coudre. C'est une femme âgée, calme, mince, un peu anguleuse, de bonne humeur et aimable.*

MME DOT *marche de long en large avec impatience .*

TANTE ELIZA.

Ma chérie, pourquoi ne t'assieds-tu pas et ne te reposes-tu pas ? Je suis sûr que vous avez parcouru au moins dix miles sur cette terrasse.

MME DOT.

Je suis de mauvaise humeur.

TANTE ELIZA.

Cela doit être évident pour l'intelligence la plus méchante.

MME DOT.

Avez-vous lu le journal aujourd'hui ?

TANTE ELIZA.

J'ai essayé, mais comme vous avez passé la majeure partie de la matinée à tamponner dessus, je n'ai pas eu beaucoup de succès.

MME DOT.

Alors je vous prie d'écouter ceci : [*Prendre un « Morning Post » et le lire.*] Un mariage a été arrangé entre Lord Hollington et Eleanor, fille unique du regretté général Sir Robert Sellenger.

[*Elle froisse le papier et tamponne dessus.*

TANTE ELIZA.

C'est la vingt-troisième fois que vous me lisez cette annonce. Je vous assure qu'il commence à perdre de sa nouveauté.

MME DOT.

Vous ne pouvez pas nier qu'il est plutôt ennuyeux de prendre votre journal le matin et de découvrir une annonce officielle selon laquelle l'homme que vous avez décidé d'épouser fait des démarches sérieuses pour en épouser une autre.

TANTE ELIZA.

Mais peux-tu me dire pourquoi tu veux l'épouser ?

MME DOT.

Pourquoi quelqu'un veut-il épouser quelqu'un ?

TANTE ELIZA.

C'est une question à laquelle, au cours des cinquante-cinq années de ma vie, j'ai été totalement incapable de trouver une réponse.

MME DOT.

Eh bien, parce qu'il est intelligent, beau et amusant.

TANTE ELIZA.

Il n'est pas vraiment très intelligent, tu sais.

MME DOT.

Bien sûr que non. Il est aussi stupide qu'un hibou. Je le lui ai dit jusqu'à en avoir le visage bleu.

TANTE ELIZA.

Et il n'est pas vraiment très beau, n'est-ce pas ?

MME DOT.

Au contraire, je pense qu'il est plutôt simple.

TANTE ELIZA.

Je suppose que tu le trouves amusant ?

MME DOT.

Pas du tout. Je le trouve ennuyeux.

TANTE ELIZA.

Alors peut-être pourrez-vous me trouver une autre explication.

MME DOT.

Eh bien, je suis éperdument amoureuse de lui.

TANTE ELIZA.

Mais pourquoi, ma chère ? Pourquoi?

MME DOT.

Parce que je suis. C'est la raison la plus concluante possible. Et j'ai décidé de l'épouser. Et plus il y a d'obstacles, plus j'ai envie de l'épouser.

TANTE ELIZA.

Je ne peux pas imaginer pourquoi vous n'avez pas eu le sentiment de tomber amoureux de l'une des différentes personnes éligibles qui souhaitent vous épouser.

MME DOT.

Mais il *veut* m'épouser. Il est désespérément amoureux de moi.

TANTE ELIZA.

J'aurais dû penser qu'il pourrait trouver une meilleure façon de le montrer qu'en se fiançant à quelqu'un d'autre.

MME DOT.

C'est un sentimentaliste, comme tout son sexe. Bon sang, dans quel gâchis le monde s'enliserait sans le bon sens pratique des femmes moyennes.

TANTE ELIZA.

Et que proposez-vous de faire ?

MME DOT.

C'est ça. Je n'en sais rien. Ils seront tous là dans une demi-heure, et je n'ai pas l'ombre d'un plan. Je reste éveillé toute la nuit à me creuser la tête et je ne pense à rien.

TANTE ELIZA.

Pourquoi leur as-tu demandé de venir ici ?

MME DOT.

Je pensais que je pourrais tomber sur quelque chose s'ils étaient sous mes yeux. Gérald avait promis de passer la Pentecôte avec moi et, pour ne pas me rebuter, j'ai également demandé aux Sellenger. Lady Sellenger n'était que trop heureuse de pouvoir bénéficier gratuitement d'une semaine de nourriture et de logement. [*On entend le bruit d'un moteur qui s'arrête.*] Il y a Jimmie Blenkinsop. Je t'ai dit qu'il descendrait en voiture à temps pour le déjeuner, n'est-ce pas ? [BLENKINSOP *arrive avec* FREDDIE . FREDDIE *porte un costume en tweed gay* .] Jimmie !

BLENKINSOP.

Comment avez-vous fait?

[*Il serre la main de* MME DOT *et* TANTE ELIZA .

MME DOT.

Maintenant, nous allons déjeuner. Vous devez mourir de faim.

BLENKINSOP.

Vous devez d'abord me laisser me laver.

MME DOT.

Non, nous avons tous trop faim. Freddie ira se laver les mains pour toi.

[*Elle sonne une demi-douzaine de fois rapidement sur une petite clochette posée sur la table.*

FREDDIE.

Je reviens dans une minute.

[*Il sort.*

MME DOT.

Maintenant, asseyez-vous. Je suis parfaitement affamé.

[LE MAJORDOME *et le* VALET DE PIED *apportez le déjeuner, qui est mangé lors de la scène suivante* .

TANTE ELIZA.

Je vois que la tendre passion n'a en rien gêné votre appétit.

MME DOT.

Oh, mon cher James, je suis si malheureuse.

BLENKINSOP.

Vous le regardez.

MME DOT.

Au fait, à quoi je ressemble ?

BLENKINSOP.

D'accord. Vous avez changé de cuisinier.

MME DOT.

Pendez mon cuisinier.

BLENKINSOP.

Je ne le ferais pas si j'étais toi. Elle est très bonne.

MME DOT.

Bien sûr, tu boiras la bière familiale ?

BLENKINSOP.

Bien sûr, je ne ferai rien de tel.

MME DOT.

Vous savez, c'est l'un de mes principes que de l'avoir sur la table.

BLENKINSOP.

Oui, mais c'est un de mes principes de ne pas en boire. Il me semble que vous avez des jarrets particulièrement fins.

MME DOT.

Jimmie, tu n'as jamais été amoureux ?

BLENKINSOP.

Jamais, Dieu merci.

MME DOT.

Je n'y crois pas. Tout le monde est amoureux. Je suis amoureux.

BLENKINSOP.

Pas avec moi, j'espère.

MME DOT.

Espèce d'idiot parfait.

BLENKINSOP.

Pas du tout. Je devrais trouver cela très naturel.

MME DOT.

Je me demande pourquoi tu ne t'es jamais marié, James.

BLENKINSOP.

Parce que j'ai un don considérable pour la répartie. J'ai découvert dans ma prime jeunesse que les hommes proposent non pas parce qu'ils veulent se marier, mais parce qu'à certaines occasions, ils sont complètement à court de sujets de conversation.

TANTE ELIZA.

[*Souriant.*] Ce fut une découverte capitale.

BLENKINSOP.

À peine avais-je réussi que j'ai commencé à cultiver mon pouvoir de bavardage. Je sentais que ma seule chance était d'être prêt dans les plus brefs délais dans les matières appropriées, et j'ai passé une partie considérable de ma dernière année à Oxford à étudier les meilleurs maîtres.

MME DOT.

Je n'avais jamais remarqué que tu étais particulièrement brillant.

BLENKINSOP.

Je n'ai jamais joué pour le brillant. J'ai joué pour la sécurité. Je me flatte que, lorsqu'il fallait bavarder, je n'ai jamais été trouvé en difficulté. J'ai rencontré l'ingéniosité de dix-sept ans avec quelques observations sur le libre-échange, tandis que les efforts hagards de trente ans ont lutté en vain contre un bref exposé de la philosophie supérieure. La veuve capricieuse, d'un âge incertain, s'est retirée dans le désordre avant d'avoir complètement connu les dramaturges de la restauration, et j'ai mis en déroute la vieille fille sérieuse aux tendances religieuses grâce à ma remarquable connaissance des résultats de l'effort missionnaire en Afrique centrale. Un jour, une douairière a voulu me demander mes intentions, mais je lui ai jeté à la tête étonnée un article entier de l'Encyclopædia Britannica. Ce ne sont que mes efforts sérieux. Je n'ai pas besoin de vous dire combien de fois j'ai évité un éclair de regard par une épigramme ou ignoré un soupir par une citation pertinente des poètes.

MME DOT.

Je ne crois pas un mot de ce que tu dis. Je crois que tu ne t'es jamais marié pour la simple raison que personne ne voulait de toi.

BLENKINSOP.

Rendez-moi justice d'avouer que je suis le seul homme qui vous connaisse depuis dix jours sans être tenté par vos revenus grotesques de vous offrir sa main et son cœur.

MME DOT.

Je ne pense pas que mes revenus aient quelque chose à voir avec cela. Je l'attribue entièrement à mes attraits personnels très considérables.

TANTE ELIZA.

Voici enfin Freddie. Qu'a-t-il fait ?

[FREDDIE *entre, changé en flanelle* .

MME DOT.

Pourquoi diable as-tu changé de vêtements ?

FREDDIE.

[*S'asseyant à table.*] Je considère que faire belle figure fait partie de mes fonctions de secrétaire.

MME DOT.

Je ne sais pas si je pense qu'il est essentiel que vous enfiliez sept costumes différents par jour.

FREDDIE.

Je pensais que Miss Sellenger aimerait probablement aller sur la rivière avant le thé.

TANTE ELIZA.

Si c'est le cas, il est plus probable qu'elle soit avec Lord Hollington qu'avec vous.

FREDDIE.

Oh, c'est de la pourriture. Gerald est un type terriblement bon, mais ce n'est pas le genre de gars dont les filles raffolent désespérément.

MME DOT.

Vous pensez cela, n'est-ce pas ?

FREDDIE.

Eh bien, vous ne vous voyez pas tomber amoureuse de lui, n'est-ce pas ?

MME DOT.

Non non.

TANTE ELIZA.

Et quel genre d'homme une fille aime-t-elle désespérément ?

FREDDIE.

Oh, je ne sais pas. [*Prenant une cuillère et se regardant en tordant une infime moustache.*] Je devrais penser à quelqu'un d'un peu plus jeune que Gerald.

MME DOT.

[*Avec un petit cri.*] Toi!

FREDDIE.

Vous n'avez pas besoin d'être si surpris. On pourrait faire pire, tu sais.

MME DOT.

[*À* TANTE ÉLISA *pointant d'un doigt méprisant* FREDDIE .] Pensez-vous que quelqu'un pourrait tomber amoureux de ça ?

TANTE ELIZA.

Bien sûr que non.

FREDDIE.

Je dis, viens maintenant. C'est un peu épais.

MME DOT.

[*À* BLENKINSOP .] Si vous étiez une jeune et charmante jeune fille, tomberiez-vous amoureuse de Freddie ?

BLENKINSOP.

[*Le regardant d'un air dubitatif.*] Eh bien, si vous me demandez directement, je ne pense pas que je devrais le faire.

FREDDIE.

Vous êtes tous très hautains.

MME DOT.

Il n'est pas vraiment clair, n'est-ce pas ?

BLENKINSOP.

Pas positivement.

FREDDIE.

Écoute, tais-toi. Je parie que je pourrais t'exclure avec n'importe quelle fille que tu aimes mentionner.

BLENKINSOP.

Déchets!

MME DOT.

J'ose dire qu'il peut murmurer des bêtises à l'oreille d'une femme comme à n'importe qui d'autre.

TANTE ELIZA.

C'est né chez eux, les brutes.

BLENKINSOP.

Caca! Je ne perdrais pas mon temps à murmurer des bêtises. Je ferais simplement passer mon livret par un coursier.

FREDDIE.

Eh bien, je me flatte que Miss Sellenger sera bien plus heureuse de *me voir* que de voir quelqu'un d'autre ici.

BLENKINSOP.

Vous ne l'avez vue qu'une fois.

FREDDIE.

C'est une fille très gentille, je peux vous le dire.

BLENKINSOP.

[*Ironiquement.*] Je suppose qu'elle t'a serré la main quand tu es parti ?

FREDDIE.

Eh bien, il se trouve qu'elle l'a fait.

BLENKINSOP.

Vous n'avez pas besoin de vous inquiéter, car elle a serré le mien aussi. C'est évidemment une habitude.

FREDDIE.

Le vôtre! Quelle pourriture !

[MME DOT *le regarde, les deux coudes sur la table. Une servante se tient à ses côtés avec un plateau sur lequel se trouve le café.*

TANTE ELIZA.

Thompson vous offre du café, ma chère.

MME DOT.

[*Absentement.*] Emportez-le.

FREDDIE.

Qu'est-ce que tu regardes ? Ma cravate, ça ne va pas ?

MME DOT.

Vous êtes certainement plutôt beau. Je ne l'ai jamais remarqué auparavant.

FREDDIE.

Ce n'est pas bon, tu sais. Tu es ma tante et le livre de prières ne te permet pas de m'épouser.

MME DOT.

Maintenant que j'y pense, j'ose dire que tu es assez adulte pour quelqu'un qui ne te connaît pas à Etons.

FREDDIE.

Je ne sais pas de quoi tu parles.

MME DOT.

Je suppose qu'une fille pourrait facilement tomber amoureuse de toi. Cela ne m'était jamais venu à l'esprit.

BLENKINSOP.

Ce qui signifie que vous lui avez trouvé une femme et que vous allez le marier à quelqu'un, que cela lui plaise ou non.

MME DOT.

[*Soudainement.*] Freddie.

FREDDIE.

Salut !

MME DOT.

Va-t'en et joue.

FREDDIE.

Arrêtez tout, je veux boire mon café.

MME DOT.

Allez faire une tarte à la boue dans le jardin. Il y a un cher.

[*On entend une cloche sonner fort.*

TANTE ELIZA.

Ils sont là!

MME DOT.

Allez!

[*Ils se lèvent tous.* MME DOT *et* TANTE ÉLISA *sortir.* FREDDIE *et* BLENKINSOP *cigarettes légères.*

FREDDIE.

Quel est le problème avec ma tante vertueuse ?

BLENKINSOP.

Quel âge as-tu, mon cher garçon ?

FREDDIE.

Vingt-deux. Pourquoi?

BLENKINSOP.

L'âge délicieux où il est encore possible de se sentir désespérément méchant. Mais vous êtes assez vieux pour savoir que les humeurs des femmes sont impénétrables.

FREDDIE.

Oh, pourriture ! Je n'ai jamais rencontré une femme que je ne pouvais pas lire d'un seul coup d'œil.

BLENKINSOP.

[*Ironiquement.*] Vraiment?

FREDDIE.

Vous savez, ils parlent de l'incompréhensibilité des femmes, mais ce n'est que de la bêtise.

BLENKINSOP.

Lorsque vous voyez un mur vide, vous vient-il à l' *esprit* qu'il y a quelque chose de l'autre côté ?

[MME DOT *et* TANTE ÉLISA *entre avec* DAME SELLENGER , NELLIE *et* HOLLINGTON . *Ils parlent tous.*

DAME SELLENGER.

Nous avons fait un voyage délicieux. Oh, comme il est beau ton jardin ! Si romantique. J'adore la romance.

BLENKINSOP.

Quand il est soutenu par un revenu adéquat.

DAME SELLENGER.

Comment avez-vous fait? Espèce de cynique.

BLENKINSOP.

Je ne suis rien de tout cela. Mais il m'arrive de dire la vérité.

DAME SELLENGER.

Tu es l'homme le plus cynique de Londres, et j'ai peur de toi.

BLENKINSOP.

Il n'y a rien que le monde aime plus qu'une description toute faite qu'il peut conserver à un homme et ainsi s'épargner tout ennui à l'avenir. Quand j'étais tout jeune, quelqu'un a pensé que j'étais cynique, et depuis lors je n'ai jamais pu dire qu'il faisait beau, sans être accusé d'un cynisme odieux.

DAME SELLENGER.

Mon cher M. Blenkinsop, ce que tout le monde dit est toujours vrai. C'est l'un des fondements de la société.

BLENKINSOP.

J'ai acquis ma réputation en faisant remarquer un jour qu'il était possible pour un jeune homme sans le sou qui épousait une femme très riche, assez âgée pour être sa mère, d'être véritablement amoureux d'elle.

DAME SELLENGER.

Je pense que c'était une observation très cynique.

MME DOT.

[*À* LADY SELLENGER .] Vous connaissez mon neveu, n'est-ce pas ?

DAME SELLENGER.

Comment avez-vous fait? Je pense que nous nous sommes rencontrés chez ce cher Gerald il y a une semaine ou deux.

FREDDIE.

[*Serrer des mains.*] Comment avez-vous fait? [*À* NELLIE .] M'avez-vous complètement oublié ?

NELLIE.

Pas assez!

FREDDIE.

Belle journée, n'est-ce pas ?

NELLIE.

Terriblement joyeux.

[MME DOT *les regarde pendant qu'ils se serrent la main .*

TANTE ELIZA.

[*À* LADY SELLENGER .] Voulez-vous que je vous montre vos chambres ?

DAME SELLENGER.

Merci beaucoup.

MME DOT.

Freddie, la chambre de Gerald est prête ?

FREDDIE.

Oui, je le pense. Je vais juste aller le découvrir.

[*Il sort.*

MME DOT.

J'étais tellement ravi de voir l'annonce dans le journal du matin. Je vous présente mes plus chaleureuses félicitations.

NELLIE.

Merci beaucoup.

MME DOT.

Je connais Gérald depuis des lustres. Je suis ravi de le voir sur la voie d'un mariage aussi heureux. Je n'aurais pas pu souhaiter qu'il se fiance avec quelqu'un de plus gentil que toi.

DAME SELLENGER.

Tout cela est tellement romantique, n'est-ce pas ? Ce devrait être une réponse à une créature cynique comme vous que de voir le cours du véritable amour se dérouler si facilement.

MME DOT.

[*À* GÉRALD .] Je vous offre également mes meilleures félicitations. Je pense que tu as beaucoup de chance.

GÉRALD.

[*Avec raideur.*] Merci beaucoup. Je suppose que j'ai ma chambre habituelle ?

MME DOT.

Oui.

[*Il entre dans la maison.* DAME SELLENGER *et* NELLIE *accompagner* TANTE ELIZA . MME DOT *est laissé seul avec* BLENKINSOP .

James!

BLENKINSOP.

Salut!

MME DOT.

Est-ce que tu m'aimes?

BLENKINSOP.

Passionnément.

MME DOT.

[*Tapant du pied.*] Ne sois pas si stupide.

BLENKINSOP.

Vous ne pouvez pas vous attendre à ce que je sois assez impoli au point de dire non.

MME DOT.

Mais je suis parfaitement sérieux.

BLENKINSOP.

L'êtes-vous, par Jupiter ? Cela change la donne. Dans ce cas, la réponse est négative.

MME DOT.

Et y a-t-il la moindre chance que tu tombes amoureux de moi ?

BLENKINSOP.

Pas tant que je reste en pleine possession de mes sens.

MME DOT.

Veux-tu m'épouser?

BLENKINSOP.

Vraiment, tu m'embarrasses beaucoup.

MME DOT.

Ne vous couvrez pas.

BLENKINSOP.

C'est un peu déconcertant de se voir mettre un pistolet sur la tempe en forme de demande en mariage.

MME DOT.

Je ne te fais pas de demande en mariage, idiot.

BLENKINSOP.

Alors j'aimerais beaucoup savoir ce que vous faites.

MME DOT.

Je vous pose une question très simple et ordinaire.

BLENKINSOP.

Dieu merci, ce n'est pas une question que les femmes demandent souvent.

MME DOT.

Je n'ai jamais vu quelqu'un chez qui il soit plus difficile d'obtenir une réponse claire.

BLENKINSOP.

Il faut tenir compte d'une agitation pardonnable.

MME DOT.

James, tu veux m'épouser ?

BLENKINSOP.

Non, soyez bénis !

MME DOT.

Etes-vous bien sûr ?

BLENKINSOP.

Positif.

MME DOT.

Rien ne vous inciterait-il à m'épouser ?

BLENKINSOP.

Rien.

MME DOT.

[*Avec un soupir de soulagement.*] Alors tu peux me baiser la main.

BLENKINSOP.

[*Ce faisant.*] Tu n'es pas blessé ?

MME DOT.

Je suis infiniment soulagé.

BLENKINSOP.

Et Freddie, le cher garçon, dit qu'il peut lire une femme d'un seul coup d'œil.

MME DOT.

Maintenant, écoute-moi très sérieusement. Je veux que tu fasses quelque chose pour moi.

BLENKINSOP.

[*Nerveusement.*] Nous avons mis le mariage hors de question, n'est-ce pas ?

MME DOT.

Certainement.

BLENKINSOP.

[*Généreusement.*] Vous pouvez me demander autre chose.

MME DOT.

Je veux que tu me laisses te faire l'amour.

BLENKINSOP.

Mon cher ami, c'est très surprenant.

MME DOT.

Il y a des gens qui accueilleraient la proposition avec empressement.

BLENKINSOP.

Pendant combien de temps?

MME DOT.

Seulement pour une semaine.

BLENKINSOP.

Vous êtes sûr que ce n'est pas sérieux ?

MME DOT.

Assez sûr.

BLENKINSOP.

Et que dois-je faire ?

MME DOT.

Eh bien, vous devez avoir l'air d'avoir aimé ça.

BLENKINSOP.

[*Sombrement.*] Bien sûr, cela semble très délicieux.

MME DOT.

Vous devez faire preuve d'une disposition à venir, vous savez, sinon je ne peux rien faire.

BLENKINSOP.

Tu veux que je *te fasse l'amour* ?

MME DOT.

J'ai bien peur que cela vous demande beaucoup.

BLENKINSOP.

Pas du tout. Pas du tout. Mais j'aimerais que tu me dises quel est ton petit jeu.

MME DOT.

Ah, voici tante Eliza. La personne même que je voulais. [TANTE ELIZA *vient sur la terrasse de la maison. Impulsivement.*] Tante Eliza, seras-tu une brique parfaite ? Veux-tu faire quelque chose pour moi, c'est une terrible nuisance ?

TANTE ELIZA.

Ma chérie, pourquoi diable es-tu si excitée ? Bien sûr, je ferai tout ce qui est raisonnable pour toi.

MME DOT.

Mais ce n'est pas raisonnable.

TANTE ELIZA.

Eh bien, je le ferai quand même.

MME DOT.

Je veux que tu prennes un moteur et que tu fonces jusqu'à Londres et que tu obtiennes un permis spécial.

TANTE ELIZA.

Un permis spécial !

BLENKINSOP.

Un permis spécial !

MME DOT.

[*Apercevant son visage.*] Obtenez deux licences spéciales. Ce sont toujours des choses utiles à avoir dans une maison.

TANTE ELIZA.

Mais ils doivent être libellés à certains noms.

MME DOT.

Le doivent-ils ? Tellement stupide! Eh bien, faites-en un pour Frederick Perkins et Eleanor Sellenger.

TANTE ELIZA.

Mon cher enfant, tu dois être fou.

MME DOT.

Ne discutez pas, mais faites ce que je vous dis. Si deux jeunes gens sont réunis avec une certaine habileté, ils se marient toujours.

TANTE ELIZA.

Mais ils ne se connaissent presque pas.

MME DOT.

Si les gens attendaient de se connaître avant de se marier, le monde ne serait pas aussi surpeuplé qu'aujourd'hui.

TANTE ELIZA.

Vous êtes certainement assez fou.

MME DOT.

Non, je ne suis pas. Je ne parviendrai jamais à convaincre Gerald de rompre sa parole. Ma seule chance est avec Nellie.

BLENKINSOP.

[*Avec inquiétude.*] Mais vous lui avez dit d'obtenir deux permis.

MME DOT.

Faites le deuxième au nom de James Blenkinsop et Frances Annandale Worthley.

BLENKINSOP.

Je refuse catégoriquement.

MME DOT.

Mais tu dois me laisser faire. Vous ne pouvez pas laisser un vieil ami dans le pétrin.

BLENKINSOP.

C'est bien beau d'invoquer des revendications d'amitié, mais c'est aller assez loin quand on paie trois guinées pour une licence spéciale.

MME DOT.

Mon cher homme, je ne peux pas vous traîner jusqu'à l'autel.

BLENKINSOP.

Je commence à penser que tu es capable de tout.

MME DOT.

Mais tu ne vois pas, espèce d'idiot, que je veux épouser Gerald Hollington ? Et je ronge mon cœur.

BLENKINSOP.

[*Crossly.*] C'est évidemment un régime qui vous convient. Tu grossis avec ça.

MME DOT.

Ne soyez pas méchant. Je n'ai pas pris une demi-livre au cours des cinq dernières années.

TANTE ELIZA.

Et comment allez-vous faire pour que Freddie et Nellie Sellenger utilisent cette licence ?

MME DOT.

Peu importe, laissez-moi tout faire. Et dépêchez-vous de rejoindre Londres.

TANTE ELIZA.

Très bien, j'y vais tout de suite.

[*Tout comme* TANTE ÉLISA *entre dans la maison* DAME SELLENGER *sort, suivi de* NELLIE ; TANTE ÉLISA *s'arrête et écoute la conversation depuis la porte* .

MME DOT.

J'espère que vous avez trouvé tout ce que vous vouliez.

DAME SELLENGER.

Ah oui, merci. Je suis assez ravi de la vue depuis ma chambre.

MME DOT.

Viens t'asseoir. J'ai quelque chose de très sérieux dont je veux te parler.

DAME SELLENGER.

Cher M. Blenkinsop, emmenez Nellie faire une petite promenade dans le jardin.

MME DOT.

Oh, mais ça concerne Nellie, et je veux qu'elle entende.

BLENKINSOP.

Je vois que vous êtes encline à penser que le sérieux ne peut manquer d'être inapproprié, Lady Sellenger.

DAME SELLENGER.

Tais-toi, horrible cynique.

MME DOT.

Eh bien, une chose des plus ridicules s'est produite, et je veux que Nellie m'aide.

NELLIE.

Moi?

MME DOT.

Ma chérie, c'est vraiment malheureux, mais mon neveu est tombé éperdument amoureux de toi.

NELLIE.

Absurdité!

MME DOT.

Je ne peux pas le comprendre. Après tout, il ne vous a vu qu'une seule fois et vous ne pouvez pas avoir échangé plus d'une douzaine de mots.

DAME SELLENGER.

Comme c'est très ennuyeux !

MME DOT.

Et c'est tellement inattendu, parce qu'il n'est pas du tout le genre de garçon qui tombe amoureux et perd amoureux de chaque jolie fille qu'il rencontre. Je pense que tu es sa première passion et il a tendance à la prendre très au sérieux.

DAME SELLENGER.

Pauvre garçon, je peux me permettre de sympathiser avec lui maintenant que Nellie est fiancée à Gerald Hollington.

NELLIE.

C'est vraiment plutôt flatteur, non ? Mais comment diable le sais-tu ?

MME DOT.

Il me dit tout. Vous voyez, j'ai toujours essayé d'être son ami ainsi que sa tante. Il n'a aucun secret pour moi.

BLENKINSOP.

Vous nous direz ensuite qu'un garçon qui a été à Eton et Oxford a un esprit pur et innocent.

MME DOT.

Mon cher enfant, il ne tarit pas d'éloges sur toi. Il ne parle de rien d'autre depuis votre rencontre.

DAME SELLENGER.

Mais ne sait-il pas que Nellie va se marier à la fin de la saison ?

MME DOT.

Bien sûr, il le fait. Je lui ai mis ça dans les oreilles, mais ça ne semble avoir aucun effet sur lui. C'est le genre d'amant qui n'entend parler d'aucun obstacle. C'est vraiment assez pathétique d'entendre les harangues passionnées qu'il me déverse dans les oreilles.

NELLIE.

Quel genre de choses dit-il ?

MME DOT.

Ma chère, je suppose que c'est à peu près la même chose que Gerald.

NELLIE.

Personne ne pouvait accuser Gérald d'être un amant passionné.

MME DOT.

Vraiment?

DAME SELLENGER.

Je suis très heureux qu'il ne le soit pas. Il va être votre mari, et c'est plus satisfaisant que n'importe quelle quantité de jolis discours.

NELLIE.

J'aurais aimé qu'il me parle d'autre chose que de la météo et de la Royal Academy.

DAME SELLENGER.

Mon cher enfant, que dis-tu ? Gérald a une nature charmante et des principes très élevés.

BLENKINSOP.

[*Imitant son air pompeux.*] Sans parler d'une pairie et de revenus considérables.

MME DOT.

Il a certainement tous les avantages sur le pauvre Freddie, qui n'est personne en particulier et n'a pas un sou pour se bénir.

NELLIE.

Je pense qu'il est terriblement gentil.

MME DOT.

Eh bien, c'est justement ce que je ne veux pas que vous pensiez. Je n'aurais pas dû vous parler de son… fou engouement, seulement je veux que vous fassiez très attention.

DAME SELLENGER.

Bien sûr. C'est tout à fait naturel.

NELLIE.

Que voulez-vous que je fasse?

MME DOT.

Eh bien, je veux que tu sois très gentil et gentil et que tu m'aides à le guérir. Je le renverrais, mais cela n'aurait aucun effet. Je pensais que s'il te revoyait, il découvrirait peut-être que tu as au moins un ou deux défauts. À l'heure actuelle, il vous trouve trop parfait pour les mots.

NELLIE.

Je ne le suis pas vraiment.

MME DOT.

Je ne pensais pas que tu l'étais. Je veux que vous promettez que vous ne ferez rien qu'il puisse considérer comme un encouragement. Je veux que tu sois très distant et très froid.

NELLIE.

Bien sûr, je serai très heureux de faire tout ce que je peux.

MME DOT.

Vous lui feriez une vraie gentillesse si vous pouviez le snober à chaque occasion. Ensuite, vous devez l'éviter autant que possible. Bien sûr, vous serez vraiment avec Gerald pendant votre séjour ici.

DAME SELLENGER.

Bien sûr. Les chéris, ils ne se sont pas vus depuis un an et ils ont une infinité de choses à discuter.

MME DOT.

Il vous sera très facile de montrer à mon pauvre Freddie qu'il se ridiculise prodigieusement.

NELLIE.

Je me sens tellement désolé pour lui.

MME DOT.

Vous ferez ce que vous pouvez, n'est-ce pas ?

NELLIE.

Je vais lui faire comprendre tout de suite qu'il ne doit pas se soucier de moi.

MME DOT.

Traitez-le comme une impertinence qui vous dérange.

NELLIE.

Je le ferai à la première occasion.

MME DOT.

Je sais que tu as la nature la plus douce du monde, mais si tu pouvais être vraiment brutal avec lui d'un coup, cela le guérirait instantanément.

NELLIE.

Je peux être horrible quand je veux.

MME DOT.

Je suis sûr que vous le pouvez. Je compte infiniment sur votre tact.

DAME SELLENGER.

Et maintenant, je pense que nous pourrions vraiment faire un petit tour dans le jardin avant le thé. [*Vu que* NELLIE , *au lieu de l'accompagner, se dirige vers la maison* .] Où vas-tu, Nellie ?

NELLIE.

[*S'arrêter.*] Je viens de me rappeler que je dois écrire une lettre. Je vous rejoindrai dans cinq minutes.

DAME SELLENGER.

[*À* BLENKINSOP *et* MME DOT *qui se lèvent* .] Oh, ne me laisse pas déranger, j'aimerai me promener et regarder les fleurs toute seule.

[*Elle s'en va. Tout comme* NELLIE *entre dans la maison* FREDDIE *sort. Elle lui lance un regard et en passant, elle laisse tomber une rose.* FREDDIE *le ramasse et s'avance* .

MME DOT.

Tu es un monstre!

FREDDIE.

Quel est le problème?

MME DOT.

Donne-moi cette fleur !

FREDDIE.

Je ne ferai rien de tel. Je le mettrai à ma boutonnière.

MME DOT.

Freddie, j'en suis venu à la conclusion que tu veux des vacances. Je vous souhaite de faire vos valises immédiatement et de partir à Brighton pendant une semaine. Vous avez l'air pâle et fatigué. Je suis sûr que tu as travaillé trop dur.

FREDDIE.

Oh, pourriture ! Je suis en pleine forme.

MME DOT.

N'es-tu pas d'accord avec moi, James ?

BLENKINSOP.

Certainement. Je pense qu'un changement d'air est clairement indiqué.

FREDDIE.

Mais je ne peux pas partir quand il y a du monde à la maison. D'ailleurs, qui va s'occuper de votre correspondance ?

MME DOT.

Mon cher garçon, ta santé est la chose principale. Je ne me pardonnerai jamais si vous avez subi un préjudice alors que vous étiez ma secrétaire. J'écrirai mes lettres moi-même.

BLENKINSOP.

En plus, je serai là et je ferai tout ce que je peux pour vous aider.

FREDDIE.

Je ne crois pas que je suis pâle.

MME DOT.

Il suffit de se regarder.

[*Elle sort un petit miroir de poche et le lui tend.*

BLENKINSOP.

Regardons votre langue. [*Il le sort.*] Tut, tut, tut.

FREDDIE.

Regardez ici, il y a quelque chose derrière tout ça.

BLENKINSOP.

Tu es trop intelligent, mon garçon.

FREDDIE.

Je vois à travers ton petit jeu. Tante Dot, tu veux te débarrasser de moi.

MME DOT.

Comment peux-tu être aussi absurde ?

FREDDIE.

Maintenant, je me demande quelle est votre raison.

MME DOT.

Devons-nous lui dire la vérité ?

BLENKINSOP.

Oui, peut-être que tu ferais mieux. C'est un garçon très brillant.

MME DOT.

Eh bien, le fait est, Freddie, qu'une chose terrible est arrivée. La pauvre Nellie Sellenger est désespérément amoureuse de toi.

FREDDIE.

Je ne vois pas pourquoi vous voudriez que je parte pour cette raison.

BLENKINSOP.

Bon Dieu, mec, ne sois pas si satisfait de toi. N'êtes-vous pas surpris, n'êtes-vous pas abasourdi qu'une jolie fille tombe amoureuse de vous ?

FREDDIE.

Je pensais que ça signifiait quelque chose quand elle a laissé tomber cette rose.

BLENKINSOP.

Bénis mes étoiles, cet idiot prend cela comme une évidence.

FREDDIE.

Je suis terriblement flatté et tout ce genre de choses.

MME DOT.

Mais vous n'êtes pas vraiment surpris ?

FREDDIE.

Ce n'est pas juste de poser une question comme celle-là à un homme.

BLENKINSOP.

En tout cas, vous voyez maintenant la nécessité de nous priver pour un temps de votre charmante société.

FREDDIE.

Rien ne m'incitera à abandonner un poste dangereux. Je vais affronter la musique.

BLENKINSOP.

Ne sois pas si con. Ce n'est pas à toi que nous pensons, c'est à cette malheureuse fille.

FREDDIE.

Je ne sais pas pourquoi tu penses qu'elle est malheureuse.

MME DOT.

Mais, mon cher garçon, elle est fiancée à Gerald Hollington. Ne voyez-vous pas à quel point tout cela est sérieux ? La seule chance est que tu partes. Nous devons essayer de lui faire oublier.

FREDDIE.

Je ne veux faire du mal à personne. Je ne ferais rien pour énerver le discours de Gerald pour les mondiaux.

BLENKINSOP.

Vous devez vous unir à nous pour la sauver d'elle-même.

MME DOT.

Cela ne sert à rien qu'elle se dévore pour vous, alors qu'elle doit inévitablement épouser Gerald.

FREDDIE.

Pauvre vieux Gerald, je t'ai dit que ce n'était pas le genre de type dont une fille serait désespérément amoureuse.

BLENKINSOP.

La perspicacité dont vous avez fait preuve fait honneur à vos années.

FREDDIE.

Pourtant, tu sais, je ne pense pas que ce soit sage pour moi de partir. Ne pensez-vous pas que ce serait plutôt marqué ? Et on dit toujours que l'absence rend le cœur plus affectueux.

BLENKINSOP.

C'est une femme qui a inventé ce proverbe. Il n'y a aucune vérité là-dedans.

MME DOT.

Que pouvez-vous suggérer d'autre ? Il n'en reste pas moins qu'il faut guérir Nellie de cela, de cette passion.

FREDDIE.

Mon idée est que le mieux est que je m'accroche ici comme si je n'y connaissais rien. Je veillerai à être très distant. Je vais l'ignorer autant que possible.

MME DOT.

Promettez-vous de le faire ?

FREDDIE.

Oui plutôt. Je vais lui montrer que je suis vraiment un sacré chien dissipé.

BLENKINSOP.

Ne la laissez pas penser que vous êtes un trop grand diable avec les dames, sinon ce sera la goutte d'eau qui fait déborder le vase. S'il y a une chose qu'une femme aime, c'est un homme vraiment méchant. Elle commencera à vous réformer, et alors plus rien ne la retiendra.

MME DOT.

Non, tu dois paraître plutôt ennuyeux et stupide. Laisse-la penser que tu es un peu une idiote.

[FREDDIE *les regarde avec méfiance* .

FREDDIE.

Écoute, tu ne me tires pas la jambe tout le temps, n'est-ce pas ?

MME DOT.

Ma chère, je ne devrais jamais prendre une telle liberté.

FREDDIE.

Je ne crois pas un mot de ce que tu m'as dit. Pourquoi devrait-elle s'occuper de moi ? Vous m'avez simplement ridiculisé à droite et à gauche.

[*Pour un moment* MME DOT *est déconcertée, mais elle voit* DAME SELLENGER *traversant le jardin avec* GÉRALD .

MME DOT.

Voici Lady Sellenger. Vous ne l'accuserez pas d'essayer de vous ridiculiser. [DAME SELLENGER *et* GÉRALD *apparaît* .] Je viens de parler à Freddie de… de ta copine.

DAME SELLENGER.

Oh oui. [*À* FREDDIE .] Mon pauvre garçon, tu es dans une situation très difficile.

FREDDIE.

Alors tu sais tout ça aussi ?

DAME SELLENGER.

Je ressens vraiment beaucoup pour toi. Il vous faudra beaucoup de tact et beaucoup de courage. Mais vous devez faire votre devoir.

[*Elle se détourne pour* BLENKINSOP .

MME DOT.

[*A voix basse* FREDDIE .] Maintenant, est-ce que je t'ai tiré la jambe ?

FREDDIE.

Pauvre fille!

[*Il entre dans la maison.*

DAME SELLENGER.

[*Le regardant pendant qu'il s'en va.*] Quelle chose belle et touchante l'amour.

BLENKINSOP.

Vous devez faire attention, Lady Sellenger. Vous devenez sentimental.

DAME SELLENGER.

Mais j'ai toujours été aussi sentimentale qu'une écolière dans mon cœur. Seulement, tant que l'avenir de Nellie n'était pas réglé, j'étais obligé de me surveiller de près.

MME DOT.

Bien sûr, Jimmie rit ; il ne sait pas ce qu'est l'amour.

DAME SELLENGER.

N'avez-vous jamais été aimé pour vous-même, M. Blenkinsop ?

BLENKINSOP.

Je l'ai fait, mais j'ai toujours trouvé cela très cher.

GÉRALD.

Je crains que Blenkinsop n'accorde pas beaucoup d'importance au sexe doux.

BLENKINSOP.

Ne les traitez pas de doux. Elles sont bien plus dures que les hommes.

MME DOT.

Arrêtez-le, ou il prononcera toute une série d'horreurs.

BLENKINSOP.

N'avez-vous jamais vu le sexe doux se battre, se bousculer et se bousculer lorsqu'il monte dans le bus Hammersmith ? Je vous assure que le malchanceux qui se trouve dans cette foule féminine bouillonnante a de la chance s'il s'en sort sans perdre un œil ni la moitié de ses dents. Et avez-vous vu la fureur du beau sexe lors d'une vente lorsqu'ils s'emparent d'un fragment sans valeur, et l'amertume avec laquelle ils marchandent ? L'autre jour, j'étais dans les magasins de l'Armée et de la Marine, et deux femmes se tenaient dans les escaliers, discutant de leurs domestiques, afin que personne ne puisse monter et descendre. J'ai enlevé mon chapeau et j'ai dit : Excusez-moi, pourriez-vous me permettre de passer. Ils bougèrent à peine de deux pouces, et l'un d'eux dit à haute voix à l'autre : Quel homme impertinent. Le sexe doux ! Hier, j'étais accroché à une sangle dans un train bondé venant de la ville, et j'ai vu un employé au visage pâle et fatigué céder sa place à une fille forte et rebondissante. Elle l'a pris sans dire merci, parce qu'elle était une dame et lui n'était pas un gentleman. Puis une vieille femme fatiguée entra et se leva, mais la jeune fille rebondissante n'avait jamais pensé à lui céder la place. Le sexe doux ! Ils ont un cœur si tendre qu'ils ne pourraient pas supporter de blesser une mouche. Avez-vous déjà vu une femme descendre d'un bus dix mètres avant sa destination pour sauver les misérables chevaux d'un nouveau départ ? Pas beaucoup. Avez-vous déjà connu une femme à la mode qui envoie sa bonne au lit alors qu'elle sait qu'elle ne rentrera qu'à quatre heures du matin ? Pas beaucoup. Et y a-t-il quelque chose qui ressemble à l'insolence avec laquelle une femme traite ses inférieurs sociaux du même sexe ? Est-ce que ce sont les hommes qui mettent sur leur dos les peaux de phoque arrachées aux corps vivants de brutes impuissantes ? Est-ce que ce sont les hommes qui mettent sur leurs chapeaux les beaux oiseaux de la forêt ? C'est le sexe doux. Les garçons apprennent les bonnes manières. On leur apprend à enlever leur chapeau et à ouvrir la porte à leurs sœurs. On leur apprend à aller chercher et à porter pour les femmes et à céder la première place dans la vie aux femmes. Mais qu'enseigne-t-on aux filles ? On enseigne aux filles l'étiquette, et cela, je suppose, fait d'elles, à terme, le sexe doux.

Dame Sellenger.

Tout le monde sait que vous êtes un horrible cynique, donc il ne peut y avoir un mot de vérité dans tout ce que vous dites.

Blenkinsop.

CQD

Gérald.

Voici Nellie.

[*Nellie entre, après avoir changé de robe. Elle porte maintenant une très jolie robe blanche, entièrement à volants et à froufrous, et un grand chapeau blanc. Au même moment de l'autre côté* Freddie *entre dans. Il a également changé et est désormais vêtu d'un blanc impeccable.*

Mme Dot.

[*En riant, en chuchotant à* BLENKINSOP .] Ils ont tous les deux changé de vêtements.

GÉRALD.

Voudrais-tu venir discuter, Nellie ?

NELLIE.

Je suis trop fatigué. N'irez-vous pas avec Mme Dot ? Je me reposerai ici jusqu'à l'heure du thé.

[NELLIE *s'assoit et les autres s'en vont* .

DAME SELLENGER.

Personnellement, je dois marcher. Je sacrifie tous mes penchants à la peur de devenir trop gros. Je me demande souvent si nous aurons au paradis nos bons dîners dont nous nous sommes privés sur terre.

BLENKINSOP.

Il est généralement admis que nous n'obtiendrons que ce que nous méritons.

[NELLIE *les regarde passer par-dessus son épaule. Elle voit ça* FREDDIE *est en retrait. Elle sourit et l'ignore minutieusement. Il s'avance et se penche sur sa chaise.*

NELLIE.

Tu ne pars pas avec les autres ?

FREDDIE.

Ça te dérange si je reste avec toi ?

NELLIE.

J'aime ça.

FREDDIE.

C'est sympa ici, n'est-ce pas ?

NELLIE.

Terriblement joyeux.

FREDDIE.

Je ne vous ai pas encore félicité pour vos fiançailles.

NELLIE.

Je ne m'attendais pas à ce que tu le fasses.

FREDDIE.

Pourquoi?

NELLIE.

Oh, je ne sais pas.

FREDDIE.

Cela semble long depuis notre première rencontre, n'est-ce pas ?

NELLIE.

Pourquoi?

FREDDIE.

Parce que j'ai l'impression de te connaître si bien.

NELLIE.

Il est très facile de vous connaître, n'est-ce pas ?

FREDDIE.

Je dis, tu ressembles à une autre rose dans ce jardin.

NELLIE.

Je suppose que tu dis ça à toutes les filles assises ici ?

FREDDIE.

Je ne l'ai jamais dit à personne d'autre qu'à toi.

NELLIE.

On me dit que tu es très impressionnable.

FREDDIE.

Ils mentent.

NELLIE.

Je pense que je vais enlever mon chapeau.

FREDDIE.

Oui, fais-le.

[*Elle continue de le faire. Elle prétend qu'elle ne peut pas.*

NELLIE.

Oh, comme c'est stupide de ma part ! Quelque chose s'est accroché.

FREDDIE.

Puis-je vous aider?

NELLIE.

J'ai peur de vous causer beaucoup de problèmes.

[*Il l'aide et elle pousse un petit cri.*

FREDDIE.

Oh, je suis vraiment désolé. Est ce que je t'ai blessé?

NELLIE.

Non, mais ça chatouillait.

[*Elle enlève le chapeau. Une de ses mains reste dans la sienne. Leurs regards se croisent pour la première fois et ils sourient.*

FREDDIE.

Dis-je, quelle jolie main tu as ! Il a l'air si blanc sur le mien, n'est-ce pas ?

[MME DOT *recule et se tient derrière un buisson, de sorte qu'elle ne peut pas être vue .*

NELLIE.

J'aime plutôt ta main. C'est tellement fort et brun.

FREDDIE.

Tu sais, tu es terriblement facile à vivre. Parfois, je me sens terriblement timide et nerveux avec les femmes, mais je peux penser à toutes sortes de choses que je veux vous dire.

NELLIE.

Il me semble que je t'ai connu toute ma vie.

FREDDIE.

[*Impulsivement.*] N'est-ce pas joyeux ici ?

NELLIE.

Terriblement joyeux.

[*Il la regarde un instant.*

FREDDIE.

Je veux te demander quelque chose. Vous ne serez pas en colère, n'est-ce pas ?

NELLIE.

Non.

FREDDIE.

Puis-je vous embrasser?

NELLIE.

Non.

FREDDIE.

C'est vraiment méchant de ta part.

NELLIE.

Tu n'aurais pas dû demander.

FREDDIE.

Ne devrais-je pas ? Je le voulais vraiment.

NELLIE.

Il y a certaines choses que l'on devrait faire sans demander.

FREDDIE.

Tu es une brique.

[*Il l'embrasse. Ce faisant ,* HOLLINGTON *entre et les voit. Il s'arrête un instant, étonné, puis se retire.*

FREDDIE.

Allons sur la rivière, d'accord ?

NELLIE.

J'ai dit à Gerald que j'étais trop fatigué.

FREDDIE.

Oh, pendez Gérald !

NELLIE.

Nous pourrions aller jouer du piano au salon.

FREDDIE.

J'aime énormément la musique. Des promenades en gâteaux et des choses comme ça, vous savez.

[*Ils se lèvent.* MME DOT *se présente .*

MME DOT.

Y allez-vous? Je pensais que tu étais fatigué.

NELLIE.

Nous allons juste regarder le potager.

FREDDIE.

J'ai dit à Miss Sellenger que vous aviez de très bonnes carottes.

MME DOT.

[*Alors qu'ils rentrent à la maison.*] Ce n'est pas comme ça, tu sais.

NELLIE.

[*Froidement.*] Je vais juste chercher un mouchoir.

MME DOT.

Oh je vois. Je vous demande pardon.

[*Ils vont.* GÉRALD *se présente. Il est plutôt grave et solennel.*

MME DOT.

Quelle image ils font, n'est-ce pas ? Je ne peux pas vous dire à quel point j'aime Nellie.

GÉRALD.

Vous êtes arrivé à la conclusion que la coupe de sa jupe est bonne.

MME DOT.

Ah, tu ne dois pas te rappeler ce que je disais quand j'étais en colère. Tu sais, je suis plutôt touchée par son affection évidente pour toi.

GÉRALD.

C'est très gentil de votre part de le dire.

MME DOT.

C'est tellement agréable de voir deux personnes éperdument amoureuses l'une de l'autre.

GÉRALD.

Je ne serais pas présomptueux au point de penser que Nellie était si amoureuse de moi que ça.

MME DOT.

Mon cher garçon, je viens d'en avoir la preuve.

GÉRALD.

Avez-vous? C'est plus que ce que j'ai.

MME DOT.

Et cette chère Lady Sellenger vivra-t-elle avec vous une fois mariée ?

GÉRALD.

Écoute, Dot, quel est le sens de tout ça ?

MME DOT.

[*Très surpris.*] De quoi?

GÉRALD.

Pourquoi nous as-tu demandé à tous de descendre ?

MME DOT.

Parce que je suis d'un esprit hospitalier. Tu ne voulais pas venir ? Je suis vraiment désolé.

GÉRALD.

Vous m'avez complètement ignoré depuis mon arrivée.

MME DOT.

[*Ironiquement.*] Autant j'aurais aimé me consacrer exclusivement à votre divertissement, autant j'ai été bien obligé de me rappeler que mes autres invités avaient des droits égaux sur moi.

GÉRALD.

J'aimerais bien vous prendre par les épaules et vous secouer bien.

MME DOT.

Je ne pense pas que vous soyez de très bonne humeur aujourd'hui.

GÉRALD.

[*Crossly.*] Pardonnez-moi, je suis de la meilleure humeur possible.

MME DOT.

Vous devriez certainement avoir la perspective de passer une semaine en *tête-à-tête presque ininterrompu* avec l'objet de vos affections.

GÉRALD.

Je n'arrive pas à te distinguer. Tu as tellement changé depuis notre dernière rencontre.

MME DOT.

Tu vois, la dernière fois, je pensais que j'étais amoureux de toi. Maintenant, je sais que ce n'est pas le cas.

GÉRALD.

[*Amèrement.*] Je suis contente que tu t'en remettes si vite.

MME DOT.

Vraiment, on ne pourrait pas souhaiter que je continue à me dévorer pour un jeune homme, aussi charmant soit-il, qui va en épouser une autre.

GÉRALD.

Bien sûr que non.

MME DOT.

[*D'un ton moqueur.*] Bien?

GÉRALD.

J'ai été idiot de penser que tu t'en souciais.

MME DOT.

Mais pourquoi devriez-vous penser cela alors que vous avez pris le plus grand soin de m'assurer que vous ne vous souciez pas de moi ?

GÉRALD.

[*Rapidement.*] Je ne l'ai pas fait !

MME DOT.

Tu l'as fait!

GÉRALD.

Je ne l'ai pas fait !

MME DOT.

Alors tu tenais à moi ?

GÉRALD.

Je n'ai jamais dit cela.

MME DOT.

Quoi qu'il en soit, quels qu'aient été vos sentiments, cela satisferait votre estime de soi de penser que je languissais d'une passion désespérée.

GÉRALD.

C'est cruel de ta part de te moquer de moi.

MME DOT.

Au fait, par hasard, es-tu amoureux de moi maintenant ?

GÉRALD.

Vous n'avez pas le droit de me poser cette question.

MME DOT.

Mon cher garçon, je ne t'empêche pas de passer un après-midi idyllique avec Nellie. Vous m'avez imposé cette conversation. Je vous assure que c'est très déplaisant.

GÉRALD.

Si je t'avais épousé, je t'aurais certainement battu avec un gros bâton.

MME DOT.

Selon vous, quelle est ma principale caractéristique ?

GÉRALD.

C'est une question à laquelle je *peux* répondre. Le caractère déraisonnable le plus confus et le plus aggravant que j'aie jamais vu.

MME DOT.

Absurdité. Il est évident que ma principale caractéristique est une nature douce et généreuse. Mais comme il n'y a aucune chance que nous soyons d'accord là-dessus, quelle est, selon vous, la deuxième ?

GÉRALD.

Obstination.

MME DOT.

Eh bien, je préfère appeler cela de la force d'esprit. Maintenant, je reconnais que j'étais amoureux de toi il y a un mois. C'est une plume dans votre casquette.

GÉRALD.

Oh, j'aurais aimé que nous soyons de retour. J'ai eu tellement de malchance.

MME DOT.

Mais quand je vis que ma douceur risquait de se perdre dans l'air du désert, je me décidai à me guérir. J'ai d'abord pleuré pendant deux jours.

GÉRALD.

Point.

MME DOT.

Non, ne sympathise pas. J'ai un teint plutôt vif, et quand j'ai bien pleuré, mon teint s'améliore toujours. Après cela, j'ai commandé de nouvelles robes et j'ai acheté un collier de diamants dont je rêvais depuis un certain temps.

GÉRALD.

Et cela vous a complètement consolé, je suppose ?

MME DOT.

Ça m'a aidé. Puis j'en suis venu à la conclusion qu'il y avait dans la mer le meilleur poisson qui en soit jamais sorti. J'ai pensé à toi. Après tout, vous n'êtes pas vraiment très beau, n'est-ce pas ?

GÉRALD.

Je ne crois pas avoir jamais fait semblant de l'être.

MME DOT.

Et je suis sûr que personne ne pourrait vous accuser d'être extrêmement amusant.

GÉRALD.

Je n'ai aucun doute que je suis excessivement ennuyeux.

MME DOT.

Je ne pouvais pas m'empêcher de voir que tu conviendrais bien mieux à Nellie que tu ne l'aurais été à moi. Elle a cette stupidité confortable que l'Anglais moyen considère comme la plus haute recommandation pour une épouse.

GÉRALD.

C'est charmant de votre part de dire cela.

MME DOT.

Elle *est* un peu ennuyeuse, n'est-ce pas ?

GÉRALD.

Je ne le pense pas.

MME DOT.

Le temps ne pèse-t-il pas de temps à autre sur vos mains ? N'est-il pas difficile de trouver des sujets de conversation ?

GÉRALD.

Je ne le trouve pas.

MME DOT.

Ah, elle le fait.

GÉRALD.

Et en résumé, l'émotion à laquelle vous donnez le nom d'amour avait entièrement disparu au bout d'une semaine.

MME DOT.

Prévoyez dix jours pour être prudent.

GÉRALD.

Je vous félicite.

MME DOT.

Vous ne l'auriez pas autrement, sûrement ?

GÉRALD.

Bien sûr que non.

MME DOT.

Alors tout va pour le mieux dans le meilleur des mondes possibles.

GÉRALD.

[*Furieusement.*] Je pense que vous devez être sans cœur.

MME DOT.

[*Ravi.*] Ah, c'est ce que je t'ai dit il y a un mois, Philippine.

GÉRALD.

Maintenant, peut-être aimeriez-vous savoir quels sont mes sentiments à votre égard ?

MME DOT.

Non, je suis assez indifférent, merci !

GÉRALD.

Eh bien, je vais vous le dire pour autant. C'est une blague pour vous et vous pouvez vous permettre d'en rire.

[*Il s'approche d'elle puis s'arrête brusquement.*

MME DOT.

Bien?

GÉRALD.

Rien.

MME DOT.

Oh! Mon pauvre cœur s'est mis à battre. Je pensais que tu allais m'embrasser.

GÉRALD.

Je te déteste. Et j'aurais aimé ne jamais te voir.

[*Il tourne les talons et sort rapidement. Dès qu'il est parti* MME DOT *commence à danser une panne. Elle lui lance un snooker.*

MME DOT.

Je t'épouserai, espèce de bête, je t'épouserai.

[BLENKINSOP *entre .*

BLENKINSOP.

Qu'est-ce qui te prend maintenant ?

[*De l'intérieur se fait entendre le bruit d'un gâteau qui roule.*

MME DOT.

Allez.

[*Elle le saisit et se met à danser.*

BLENKINSOP.

Lâche-moi, femme !

MME DOT.

Oh, chérie, chérie, chérie.

[*Elle lui passe les deux bras autour du cou et l'embrasse profondément. À ce moment là* GÉRALD *Retour .*

GÉRALD.

Je vous demande pardon. J'ai oublié mon chapeau.

[*Il le prend et sort avec raideur.* MME DOT *éclate de rire* .

BLENKINSOP.

Tout cela est très bien. Mais qu'en est-il de mon personnage ?

FIN DU DEUXIÈME ACTE

LE TROISIÈME ACTE

Une salle dans CHEZ MME WORTHLEY *maison sur la rivière* .

GÉRALD *et* NELLIE *sont assis dans des fauteuils. Elle étouffe un bâillement. Puis il bâille.*

GÉRALD.

Je vous demande pardon.

NELLIE.

[*Bâillant.*] Je n'ai jamais vu quelqu'un qui bâillait autant que toi.

GÉRALD.

[*Ironiquement.*] Je suppose que tu ne t'es jamais regardé dans le verre ?

NELLIE.

Votre famille vit-elle très longtemps, Gerald ?

GÉRALD.

[*Plutôt surpris.*] Vous vous demandez déjà à quoi vous ressemblerez dans les mauvaises herbes de la veuve ?

NELLIE.

Vous pourriez très bien vivre quarante ans, n'est-ce pas ?

GÉRALD.

Mon grand-père maternel a survécu et a frappé ses descendants jusqu'à l'âge de quatre-vingt-dix-sept ans.

NELLIE.

Combien de jours y a-t-il dans quarante ans ?

GÉRALD.

Je devrais penser à quinze mille.

NELLIE.

Vous est-il venu à l'esprit que nous pouvons prendre quinze mille petits déjeuners assis l'un en face de l'autre, quinze mille déjeuners et quinze mille dîners ?

GÉRALD.

[*Sombre.*] Oui, cela m'était venu à l'esprit.

NELLIE.

Et comment voyez-vous cette perspective ?

GÉRALD.

[*Grimaçant.*] Cela me remplit de satisfaction, naturellement.

NELLIE.

[*Brusquement.*] Je suppose que tu es très amoureux de moi ?

GÉRALD.

Quelle question extraordinaire !

NELLIE.

Je pense que personne d'autre qu'un fou ne vous décrirait comme un amant ardent.

GÉRALD.

[*Froidement.*] Je regrette que mon comportement ne vous satisfasse pas.

NELLIE.

Sais-tu que depuis que nous sommes définitivement fiancés, tu ne m'as jamais dit que tu tenais à moi ?

GÉRALD.

[*En m'excusant.*] Oui, j'aurais dû faire ça, n'est-ce pas ? Je suppose que je pensais que tu le tiendrais pour acquis.

NELLIE.

Chaque fille aime qu'on jette un soupçon de romance sur ses liaisons amoureuses.

GÉRALD.

Votre mère vous dira que la certitude du mariage est bien plus satisfaisante.

NELLIE.

[*Sèchement.*] Vous auriez fait un excellent mari – pour mère.

GÉRALD.

Avez-vous remarqué que lorsque nous *pensons* à quelque chose à dire, nous nous rapprochons dangereusement d'une querelle ?

NELLIE.

Je pense parfois qu'il vaudrait mieux se quereller de temps en temps plutôt que d'être toujours aussi désespérément polis les uns envers les autres.

GÉRALD.

J'ai bien peur d'avoir un caractère admirable.

NELLIE.

Mère dit toujours que tu as toutes les vertus.

GÉRALD.

Devons-nous regarder le *Sketch* ensemble ?

NELLIE.

Nous avons regardé le *Sketch* ensemble trois fois. [*Suite de son œil, qui se dirige vers d'autres papiers illustrés sur la table.*] Et l' *Illustré* , et la *Sphère* , et le *Graphique* .

GÉRALD.

Alors qu'aimeriez-vous faire ?

NELLIE.

J'aimerais CRIER.

GÉRALD.

Voudriez-vous, par George ? Moi aussi.

NELLIE.

Oh, Gerald, crions bien ensemble.
Entrer DAME SELLENGER *et* MME DOT .

DAME SELLENGER.

[*Avec un sourire fade.*] Quelle image ils font!

MME DOT.

[*Acidement.*] C'est assez charmant de voir deux jeunes gens si absorbés l'un par l'autre.

DAME SELLENGER.

Maintenant, tu ne dois vraiment pas gâcher ce bel après-midi. Vous devez aller faire une longue et agréable promenade ensemble.

NELLIE.

Nous avons fait une belle et longue promenade ce matin.

MME DOT.

[*Doucement.*] Alors pourquoi n'irais-tu pas sur la rivière ? Vous pouvez emporter votre thé avec vous et y passer toute l'après-midi.

GÉRALD.

Hier, nous avons passé tout l'après-midi sur la rivière et vous nous avez gentiment offert notre thé à emporter.

DAME SELLENGER.

Cela me rappelle les jours heureux où j'étais fiancée à ton pauvre père, Nellie. Nous étions comme toi et Gerald. Nous ne pouvions pas supporter d'être hors de vue les uns des autres. Maintenant, cours chercher ton chapeau, chérie.

NELLIE.

Oh, maman, j'ai le mal de tête le plus affreux que j'aie jamais eu de ma vie, et il faut vraiment que j'aille m'allonger.

DAME SELLENGER.

Absurdité. Un après-midi au grand air avec Gérald est exactement ce qu'il vous faut pour vous remettre d'aplomb.

GÉRALD.

Je suis vraiment désolé, mais j'ai des lettres très importantes à écrire. Je *dois* attraper le courrier.

MME DOT.

[*Doucement.*] Vous aurez beaucoup de temps en arrivant. Le courrier ne part qu'après le dîner.

DAME SELLENGER.

Si vous vous excusez ainsi, la pauvre Nellie pensera qu'elle vous ennuie déjà.

GÉRALD.

Dans ce cas, je serai très heureux d'aller sur la rivière.

MME DOT.

Prends mon parasol, chérie. Vous ne voudrez pas de chapeau.

NELLIE.

[*Sauvagement.*] Merci très cher.

[NELLIE *et* GÉRALD *sortir sombrement* .

DAME SELLENGER.

Tout comme les colibris, n'est-ce pas ?

MME DOT.

Voulez-vous dire des tourterelles, par hasard ?

DAME SELLENGER.

Je n'ai jamais été très doué en histoire naturelle... Chère Mme Worthley, je dois vraiment vous remercier pour le tact avec lequel vous avez mis Gerald et Nellie dans la société l'un de l'autre à chaque instant de la journée.

MME DOT.

Je peux me flatter qu'ils *ont* vraiment apprécié leur semaine ici.

[TANTE ELIZA , *entre avec* BLENKINSOP .

DAME SELLENGER.

[*D'un air intelligent.*] Cher M. Blenkinsop, espèce de méchant, méchant cynique. [*Significativement.*] Je vais aller me coucher. Vous montez, Miss MacGregor ?

TANTE ELIZA.

Dans une minute.

DAME SELLENGER.

Je veux avoir une petite conversation avec toi. [*Comme* BLENKINSOP *lui ouvre la porte, à voix basse* .] N'ai-je pas fait preuve de tact ?

[DAME SELLENGER *sort* .

BLENKINSOP.

Quelle méchanceté cette vieille femme fait-elle maintenant ?

MME DOT.

Toi idiot! Ne vois-tu pas qu'elle a découvert la passion qui dévore nos cœurs, ta poitrine virile et mon cœur timide et palpitant, et qu'elle veut nous laisser tranquilles.

BLENKINSOP.

Je commence à me sentir très mal.

MME DOT.

[*Archly.*] Ne serais-tu pas plutôt flatté si j'étais vraiment amoureux de toi ?

BLENKINSOP.

[*Alarmé.*] Dot, ne fais pas ces horribles suggestions. Tu me donnes la chair de poule.

MME DOT.

Mais tu as eu si froid que tu ne m'as pas laissé une chance.

BLENKINSOP.

Froid! Dieu sait ce qui serait arrivé si je vous avais encouragé. Je n'ai jamais pu quitter le sol des yeux sans trouver le vôtre fixé sur moi avec l'expression languissante d'un canard mourant dans un orage. Je n'ai jamais pu m'approcher de toi sans que tu me caresses comme si j'étais un coussin de velours ou un chat persan. Je n'ai pas mangé un seul repas en paix au cas où tu te mettrais soudain en tête de mettre mon pied sous la table.

MME DOT.

Qu'aurais-tu fait si je l'avais fait ?

BLENKINSOP.

[*Avec une dignité indignée.*] J'aurais dû crier ! Et l'idée de cette licence spéciale m'a fait froid dans le cœur. Je ne sais pas à quoi tout cela aboutit. Vous êtes mon témoin, Miss MacGregor, que je ne l'épouserai pas, aussi profondément qu'elle me compromette.

TANTE ELIZA.

[*Souriant.*] Je suis votre témoin.

BLENKINSOP.

Elle ne fera pas de moi un honnête homme.

[MME DOT *prend dans un tiroir du secrétaire une des licences* .

MME DOT.

[*Souriant.*] Frances Annandale Worthley—James Blenkinsop.

BLENKINSOP.

J'ai l'impression que quelqu'un marche sur ma tombe.

TANTE ELIZA.

Mais comment allez-vous faire pour que Nellie Sellenger et Freddie utilisent l'autre licence ?

MME DOT.

Le moment venu, je leur laisserai cela sous le nez et leur permettrai d'en tirer les conséquences qu'ils choisiront... Si une femme a jamais gagné un mari, c'est bien moi. J'ai profité de chaque occasion pour snober Gerald jusqu'à ce qu'il puisse à peine contenir sa rage. Je l'ai mis en compagnie de Nellie jusqu'à ce qu'ils s'ennuient tellement qu'ils pourraient presque pleurer. J'ai été constamment aux aguets pour empêcher Nellie et Freddie de passer deux minutes seuls jusqu'à ce qu'ils puissent à peine supporter ma vue. Et je t'ai fait l'amour avec une insistance à faire fondre le cœur d'un poisson. Si j'échoue, ce sera de votre faute.

BLENKINSOP.

Mais que veux-tu que je fasse ?

MME DOT.

Mon Dieu, mettez un peu de passion dans votre comportement. Regardez-moi comme si vous n'aviez jamais vu quelqu'un d'aussi ravissant de votre vie. Quand tu prends ma main, tiens-la comme si tu ne la lâcherais jamais.

[*Elle lui prend la main.*

BLENKINSOP.

N'oubliez pas qu'il n'y a personne d'autre que Miss MacGregor.

MME DOT.

[*Avec un regard nostalgique.*] Regarde-moi dans les yeux comme ça.

BLENKINSOP.

Ne le faites pas. Vous me mettez très mal à l'aise.

MME DOT.

[*Impatiemment.*] Oh, tu es trop stupide. Vous êtes une souche et une pierre. Tu es un hibou. Tu es un idiot ridicule.

BLENKINSOP.

Colère, colère.

MME DOT.

Tu vas gâcher toute ma vie, parce que tu es tellement idiot que tu ne peux pas faire l'amour avec une femme.

[*Elle s'éloigne de lui et se met à pleurer. Il marche de long en large, puis la regarde avec un sourire. Il fait signe à* MLLE MACGREGOR *que* MME DOT *Ne peux voir* .

BLENKINSOP.

[*D'une voix différente.*] Dot, notre petit jeu a assez duré.

MME DOT.

[*Sanglotant dans son mouchoir.*] Oui, c'est vrai. J'en ai marre de tout ça.

BLENKINSOP.

Vous m'avez demandé de jouer un rôle, et vous ne saviez pas que cela pourrait être mortellement sérieux.

MME DOT.

Des bâtons de violon !

BLENKINSOP.

J'ai un secret que je ne peux plus te cacher.

MME DOT.

Eh bien, dites-le aux cavaliers-marines.

BLENKINSOP.

Dot, je t'aime !

MME DOT.

Oh, ne sois pas si stupide.

BLENKINSOP.

Mais je vous dis que je ne plaisante pas.

MME DOT.

Dieu merci pour cela. J'en ai marre de tes mauvaises blagues.

BLENKINSOP.

Cela a commencé comme une mauvaise blague, mais cela s'est terminé par quelque chose de très différent. Un changement s'est produit en moi et j'ai honte.

MME DOT.

[*Levant les yeux.*] Hein ?

BLENKINSOP.

Ne vois-tu pas que je suis un homme différent ? Dot, c'est toi qui m'as changé.

MME DOT.

Je crois vraiment qu'il se réveille.

BLENKINSOP.

Si j'étais timide et maladroit, c'est parce que je ne me laissais pas aller à moi-même. J'étais dépassé. Je ne pouvais pas comprendre.

MME DOT.

C'est beaucoup mieux. Il y a vraiment une certaine émotion dans votre voix.

BLENKINSOP.

Comment ne le serait-il pas, alors que je dis enfin ce qui tremble sur le bout de ma langue depuis dix jours ?

MME DOT.

[*Ravi.*] Là! C'est juste le ton que je veux. Parlez avec ce frémissement dans votre voix lorsque vous me demandez de vous passer la moutarde au dîner.

BLENKINSOP.

Je reste éveillé la nuit en pensant à toi, et quand je m'endors, j'ai l'impression de te tenir dans mes bras.

MME DOT.

C'est splendide. Pourquoi n'as-tu pas pu dire tout ça avant ?

BLENKINSOP.

Dot, Dot, ne me torture pas. Ne vois-tu pas que je le pense vraiment.

MME DOT.

Quoi!

BLENKINSOP.

Je ne plaisante pas maintenant. J'aimerais au paradis que je l'étais.

MME DOT.

[*Forcer un rire.*] Mon cher James, vous en faites vraiment trop.

BLENKINSOP.

Vous devez être fou ou aveugle. Ne peux-tu pas sentir que je t'aime ?

MME DOT.

Ne sois pas si absurde. Tu sais que tu ne fais que—tu ne fais que me tirer la jambe.

BLENKINSOP.

Oh, j'ai été un connard parfait. Je n'aurais jamais dû consentir à jouer cet horrible tour. Si vous saviez quelles tortures j'ai subies !

MME DOT.

Il n'est pas vraiment sérieux, tante Eliza ?

TANTE ELIZA.

[*Souriant.*] Sur mon âme, cela y ressemble beaucoup.

BLENKINSOP.

Qu'est-ce que vous attendiez? Vous avez joué sur les cordes de mon cœur comme s'il s'agissait d'un instrument dépourvu de sensations. Vous avez mis une caresse dans chaque ton de votre voix.

MME DOT.

[*Triste.*] Bien sûr, je suis fascinant. Je ne peux pas le nier.

BLENKINSOP.

Quand tu as touché ma main, tous les nerfs de mon corps ont tremblé.

MME DOT.

Tu n'es pas vraiment amoureux de moi ?

BLENKINSOP.

Passionnément.

MME DOT.

Vous êtes ridicule, James Blenkinsop.

BLENKINSOP.

J'étais bête. J'ai joué avec le feu et je n'ai jamais imaginé que je me brûlerais.

MME DOT.

Mais tu ne dois pas être amoureux de moi. Je n'en entendrai pas parler.

BLENKINSOP.

Il est trop tard pour le dire maintenant. Je t'adore.

MME DOT.

Mais que faut-il faire ?

BLENKINSOP.

Tu dois m'épouser.

MME DOT.

Rien ne m'incitera à faire quoi que ce soit de ce genre.

BLENKINSOP.

[*S'approchant d'elle les bras tendus.*] Vous ne réalisez pas la richesse de tendresse et d'affection que je vous prodiguerai.

MME DOT.

S'en aller! Ne t'approche pas de moi.

BLENKINSOP.

Pourquoi devriez-vous vous soucier de Gérald ? Pensez-vous que s'il vous aimait, il laisserait des fiançailles insignifiantes avec quelqu'un d'autre lui faire obstacle ?

MME DOT.

Le fait est qu'il ne faut jamais faire confiance aux hommes.

BLENKINSOP.

Je ne peux pas vivre sans toi maintenant. Je donnerai toute ma vie pour te rendre heureux.

MME DOT.

Mais je suis amoureux de Gérald. Je ne suis pas amoureux de toi. Je ne serai jamais amoureux de toi.

BLENKINSOP.

Tu me dois quelque chose pour toute l'agonie que tu m'as fait endurer. Dot, souviens-toi de ce permis. Il a été acheté en plaisantant, mais l'archevêque de Cantorbéry était sérieux.

MME DOT.

Mais mon cher James, pour l'amour du ciel, soyez raisonnable. Tu sais aussi bien que moi que tu n'es pas un homme marié.

BLENKINSOP.

Donnez-moi une chance et vous verrez.

MME DOT.

Je suis sûr que tu ne m'aimeras pas. Je suis vraiment horrible.

BLENKINSOP.

Je sais que tu es plein de défauts, mais, bénis, je les aime tous.

MME DOT.

J'ai un caractère bestial.

BLENKINSOP.

Je t'adore quand je vois tes yeux briller de colère.

MME DOT.

Je suis terriblement extravagant, et si le gouvernement adopte une législation sur la tempérance, je serai ruiné.

BLENKINSOP.

Je suis riche. Je devrais considérer comme le plus grand bonheur de dépenser mon dernier centime pour satisfaire votre plus petit souhait.

MME DOT.

Je ne t'épouserai pas. Je ne t'épouserai pas. Je ne le ferai pas !

BLENKINSOP.

Point, point !

[*Il la prend dans ses bras et l'embrasse. À ce moment là* GÉRALD *entre* , MME DOT *se détache de* BLENKINSOP . *Il y a une pause gênante.*

MME DOT.

[*À* GÉRALD .] Je pensais que tu étais sur la rivière.

GÉRALD.

Accrochez la rivière !

[*Elle se dirige vers la porte, qui* BLENKINSOP *s'ouvre pour elle. Elle sort. Comme* TANTE ÉLISA *s'ensuit, il lui parle à voix basse* .

BLENKINSOP.

Il y a de la passion pour toi.

TANTE ELIZA.

Espèces de brutes, vous pouvez tous le faire. Vous avez vraiment fait battre mon cœur.

[*Elle sort.*

GÉRALD.

Qu'a dit Mlle MacGregor ?

BLENKINSOP.

Une vague suggestion de bigamie si j'ai bien compris.

GÉRALD.

[*Glacialement.*] J'ai bien peur d'être arrivé à un moment inopportun.

BLENKINSOP.

Cela semble être l'une de vos petites manières heureuses.

GÉRALD.

Tout le monde semble embrasser tout le monde dans cette maison.

BLENKINSOP.

[*Avec effronterie.*] Il vous suffit d'envelopper Lady Sellenger dans vos bras et le tableau sera complet.

GÉRALD.

Auriez-vous la gentillesse d'expliquer cet incident ?

BLENKINSOP.

Si vous me permettez de le dire, je ne vois vraiment pas que cela vous regarde.

GÉRALD.

[*Chaleureusement.*] Écoute, Blenkinsop, tu n'as pas le droit de jouer des tours à Mme Dot. C'est une femme très excitée et irréfléchie. Elle est....

BLENKINSOP.

Bien?

GÉRALD.

Oh, bon sang !

BLENKINSOP.

Pas du tout, pas du tout.

GÉRALD.

[*En colère.*] Que diable signifient toutes ces sottises ?

BLENKINSOP.

[*Facile.*] Je suppose que vous ne pourriez pas être un peu plus courtois, n'est-ce pas ?

GÉRALD.

Écoute, Blenkinsop, la meilleure chose que tu puisses faire est de recevoir un télégramme qui nécessite ta présence immédiate en ville.

BLENKINSOP.

Merci beaucoup, mais je me sens extrêmement à l'aise ici.

GÉRALD.

Vous seriez plutôt surpris si je vous jetais par la fenêtre, n'est-ce pas ?

BLENKINSOP.

Non seulement j'en serais surpris, mais je considérerais cela comme une odieuse familiarité.

GÉRALD.

Souhaitez-vous connaître mon opinion privée sur vous ?

BLENKINSOP.

Épargnez-moi mes rougeurs, mon cher garçon. Cela me gêne toujours d'être flatté en face.

GÉRALD.

Espèce de vieil imbécile.

BLENKINSOP.

Je crois que vous êtes considérablement ennuyé.

GÉRALD.

Pas le moindre. Qu'est-ce qu'il y a chez toi qui devrait m'énerver ?

BLENKINSOP.

Maintenant que j'y pense, vous êtes certainement passionné. Votre visage est rouge, votre tenue vestimentaire est en désordre et vous louchez légèrement les yeux.

GÉRALD.

Mon cher, si je n'avais pas le meilleur caractère du monde, je te donnerais un coup de pied.

BLENKINSOP.

Tu ferais mieux d'aller t'allonger. Vous ne direz que quelque chose que vous regretterez.

GÉRALD.

Je suppose que vous n'avez pas un instant l'impression que Mme Dot se soucie de vous.

BLENKINSOP.

Puis-je vous demander en quoi cela peut vous inquiéter le moins du monde ?

GÉRALD.

Mme Dot est une vieille amie à moi. Je ne vais pas la voir ridiculisée par un nigaud vaniteux.

BLENKINSOP.

Au fait, est-ce que vous avez oublié que vous êtes fiancé à Miss Sellenger ?

GÉRALD.

Bon Dieu, non !

BLENKINSOP.

J'ose dire que vous auriez aimé que ce soit le cas.

GÉRALD.

C'est vraiment une chose impertinente à dire.

BLENKINSOP.

Mon cher, je n'ai jamais vu de ma vie quelqu'un qui ait moins de bon sens. Il n'est sûrement pas très extraordinaire que la même tendre passion qui enflamme vos chastes seins et ceux de Miss Sellenger attaque les seins tout aussi chastes de moi et de Mme Worthley.

GÉRALD.

Ne dis pas de telles bêtises.

BLENKINSOP.

Je suppose que vous seriez considérablement étonné si je vous disais que je viens de demander à Mme Dot d'être ma femme.

GÉRALD.

Elle a dû crier de rire.

BLENKINSOP.

Vous avez remarqué son hilarité non dissimulée en entrant.

GÉRALD.

[*Je m'approche de lui rapidement.*] Tu ne le penses pas !

BLENKINSOP.

Aucun homme n'est à l'abri des labeurs des femmes tant qu'il n'est pas en sécurité dans sa tombe. Et même alors, un ver féminin lui fait sans doute un coup de grâce.

GÉRALD.

Et Mme Dot vous rend-elle la pareille ?

BLENKINSOP.

Vraiment vous me posez une question très délicate.

GÉRALD.

Par le grand Harry, l'homme pense qu'elle est amoureuse de lui.

BLENKINSOP.

[*Plutôt indigné.*] Et je t'en prie, pourquoi ne serait-elle pas aussi amoureuse de moi que de toi ?

GÉRALD.

[*Avec un éclat de rire.*] Hahaha.

BLENKINSOP.

De quoi riez-vous ?

GÉRALD.

Ha! Ha! Ha!

BLENKINSOP.

Tais-toi, idiot débile !

GÉRALD.

[*Toujours en train de rire.*] Elle *s'est* moquée de toi. Ha! Ha! Ha! [*Sérieusement.*] Et pensais-tu vraiment qu'une femme prendrait soin de toi ? Mon pauvre Blenkinsop ! Mon pauvre, pauvre Blenkinsop !

BLENKINSOP.

Vous êtes un jackanapes, monsieur, vous êtes un jackanapes impudent. Et pourquoi pas, je vous prie ?

GÉRALD.

[*Furieusement.* […] Parce que vous êtes révoltant à regarder et que votre conversation est inexprimablement ennuyeuse.

BLENKINSOP.

C'est charmant de votre part de dire cela.

GÉRALD.

Si vous voulez épouser quelqu'un, épousez Lady Sellenger.

BLENKINSOP.

Vous avez évidemment l'impression que si une femme n'a pas la chance de vous épouser, elle ferait mieux de se retirer dans un couvent.

GÉRALD.

Vous êtes un cynique acariâtre et un âne stupide.

BLENKINSOP.

J'aime la délicatesse avec laquelle vous exprimez votre appréciation de mes mérites.

GÉRALD.

Écoute-moi, Blenkinsop ! Quittez la maison avant de créer un plus grand gâchis que ce que vous avez déjà fait. Mme Dot préférerait épouser son fiancé plutôt que vous épouser.

BLENKINSOP.

Pensez-vous qu'il est tout à fait impossible qu'elle ait jamais rêvé d'une telle chose ?

GÉRALD.

Non seulement impossible, mais grotesque.

[BLENKINSOP *va au tiroir dans lequel se trouve le permis et le sort* .

BLENKINSOP.

Peut-être alors cela vous intéresserait-il de consulter ce document.

[GÉRALD *le prend et le regarde, abasourdi* .

GÉRALD.

C'est une licence spéciale.

BLENKINSOP.

C'est tellement moins dérangeant que les bans, vous savez.

GÉRALD.

James Blenkinsop.

BLENKINSOP.

Et Frances Annandale Worthley.

GÉRALD.

C'est une erreur! Tout cela n'est qu'une erreur absurde.

BLENKINSOP.

Vous voyez, l'archevêque de Cantorbéry m'appelle son frère bien-aimé. Sympathique, n'est-ce pas ?

[GÉRALD *il le déchire violemment en morceaux et les jette à terre* . BLENKINSOP *pousse un soupir de soulagement* . GÉRALD *sort de la pièce et se dirige vers le jardin* . BLENKINSOP *se dirige vers la porte et lui fait signe de la main* . MME DOT *entre. Elle a découvert que* BLENKINSOP *s'est moqué d'elle* .

BLENKINSOP.

Il a déchiré votre précieux permis.

MME DOT.

[*Rapidement.*] Lequel?

BLENKINSOP.

Le nôtre, bien sûr. Trois guinées ont explosé, ma chère.

MME DOT.

[*Comptant sur ses doigts.*] Je calcule combien de bouteilles de bière le public britannique devra boire pour que nous puissions en acheter une autre.

BLENKINSOP.

Mais votre refus de ma main vous empêchera heureusement de faire cette dépense. Faisant ainsi avancer considérablement la cause de la tempérance.

MME DOT.

[*Avec une hypothèse d'une gravité écrasante.*]

James, j'ai réfléchi à tout ce que tu as dit et je suis prêt à t'épouser.

BLENKINSOP.

[*Un frisson lui parcourut le dos.*] Je vous remercie du fond du cœur, mais je ne peux pas accepter ce sacrifice.

MME DOT.

Ce n'est pas un sacrifice quand je pense que je peux te rendre heureux.

BLENKINSOP.

Mais tu ne dois pas penser à moi. C'est votre bonheur que nous devons considérer. Ne laissez pas une impulsion momentanée ruiner toute votre vie.

MME DOT.

J'y ai réfléchi très attentivement. Je ne peux pas résister à vos supplications passionnées.

BLENKINSOP.

Je ne serai pas en reste en termes de générosité. Vous m'avez refusé. J'accepte votre refus comme définitif.

MME DOT.

Je n'avais jamais réalisé que ta nature était si grande et si tendre. Chaque mot que tu dis me rend plus déterminé à consacrer ma vie à ton bonheur.

BLENKINSOP.

Mon cher Dot, même si j'apprécie la beauté de vos sentiments, je dois avouer que je ne pourrais jamais épouser une femme qui ne m'aimerait pas.

MME DOT.

[*Comme si elle luttait contre sa pudeur.*] Je vois que vous voulez m'arracher cet aveu si difficile à faire. Oh, vous les hommes !

BLENKINSOP.

Bon Dieu, tu ne veux pas dire que tu es amoureux de moi ?

MME DOT.

[*Languissant.*] James. Est-ce si merveilleux ?

BLENKINSOP.

Il y a une demi-heure, tu as dit que tu ne pourrais pas me supporter à tout prix.

MME DOT.

C'est le privilège d'une femme de changer d'avis. La passion que vous avez mise dans votre proposition m'a complètement changé. Je suis touché par la véhémence avec laquelle vous avez jeté votre cœur à mes pieds. J'ai lutté, mais je ne peux pas résister. Prends-moi dans tes bras, James, et ne me laisse jamais partir.

BLENKINSOP.

Dot, j'ai une confession à te faire. Je ne pensais pas un mot de ce que j'ai dit.

MME DOT.

Ah, James, ne plaisante pas.

BLENKINSOP.

Je vous assure que je suis parfaitement sérieux. Tu m'as raillé en me disant que je ne pouvais pas faire l'amour, alors je me suis laissé aller pour te montrer que je pouvais. J'ose dire que c'était une blague idiote, mais c'était certainement une blague.

MME DOT.

[*Impassible.*] James, chaque mot que tu dis augmente mon admiration pour toi. Je ne peux pas imaginer maintenant comment j'ai pu être aveugle à votre grande affection.

BLENKINSOP.

Mais tu n'entends pas ce que je dis ?

MME DOT.

Pensez-vous que vous pouvez m'accueillir si facilement ?

BLENKINSOP.

Tu ne me crois pas ?

MME DOT.

Pas un mot.

BLENKINSOP.

[*Complètement alarmé.*] Maintenant, regarde ici. Je ne t'aime pas, je ne t'ai jamais aimé et je ne t'aimerai jamais. Je ne peux pas le dire plus clairement que ça.

MME DOT.

[*Avec ravissement.*] Mon Dieu, comme il m'adore !

BLENKINSOP.

Je dis, regarde ici, c'est un peu trop épais.

MME DOT.

Je sais que tu dis ces choses cruelles seulement parce que tu penses que je devrais me jeter sur toi.

BLENKINSOP.

[*Huffly.*] Je n'en sais rien.

MME DOT.

Vous ne pouvez pas supporter de penser que je devrais vous accepter par pitié. Mais ce n'est pas ça, James. Vous êtes beau, noble et chevaleresque. Comment une femme ne devrait-elle pas vous aimer ?

BLENKINSOP.

Je répète que je ne rends pas la pareille à votre passion.

MME DOT.

Tu ne peux pas me tromper aussi facilement que ça, James. Je *sais* que tu m'aimes. Nous, les femmes, avons des intuitions si rapides.

BLENKINSOP.

Alors tu dis toujours.

MME DOT.

Je vous vois simplement frémir d'émotion contenue. Oh, James, James, tu m'as rendu si heureux.

[*Elle se jette sur son sein et fait mine de fondre en larmes.*

BLENKINSOP.

Je dis, prends soin de toi. Et si quelqu'un nous voyait.

MME DOT.

J'aimerais que le monde entier nous voie.

BLENKINSOP.

Mais c'est un compromis diabolique.

MME DOT.

Je veux me compromettre. C'est seulement ainsi que je pourrai vous assurer de mon amour. Oh, pense aux nombreuses années heureuses que nous passerons dans les bras l'un de l'autre, James.

BLENKINSOP.

[*S'extirpant de son étreinte.*] N'y a-t-il rien que je puisse dire pour vous détromper ?

MME DOT.

Rien! Je suis à toi jusqu'à la mort.

BLENKINSOP.

Je ne céderai plus jamais à mon sens de l'humour.

MME DOT.

[*Archly.*] Ça te dérange si je te laisse juste une minute ? Après tant d'agitation, il faut vraiment que j'aille me repoudrer le nez.

BLENKINSOP.

[*Ironiquement.*] Je vous en prie, ne me laissez pas vous retenir.

MME DOT.

N'oubliez pas que je suis à vous jusqu'à la mort.

BLENKINSOP.

C'est très gentil de votre part de le dire.

[*Elle sort. Il sonne avec impatience.* LE MAJORDOME *entre* .

BLENKINSOP.

Dites à mon serviteur que je le veux.

[LE MAJORDOME *sort* . BLENKINSOP *marche de long en large en se tordant les mains* . LE SERVITEUR *entre dans* .

George, fais mes valises immédiatement et récupère le moteur. Il n'y a pas un instant à perdre.

GEORGE.

Vous partez, monsieur ?

BLENKINSOP.

[*S'envoler vers une passion.*] Espèce d'imbécile, pensez-vous que je devrais vouloir que mes affaires soient emballées si je restais ? Je pars à l'étranger ce soir.

GEORGE.

Très bien, monsieur.

BLENKINSOP.

Vous devez prendre le train et vous rendre immédiatement chez Cook pour obtenir des billets.

GEORGE.

Très bien, monsieur. Où aller, monsieur ?

BLENKINSOP.

Ne discutez pas, monsieur, mais faites ce que je vous dis.

GEORGE.

Je dois savoir où trouver les billets, monsieur.

BLENKINSOP.

Oh, qu'est-ce que c'est d'avoir un imbécile pour serviteur ! Prenez un mois de préavis. Je vous renvoie. Où aller, monsieur ? Quelque part, monsieur ? Quelque part, c'est très loin. Afrique du Sud! J'irai chasser des lions en Ouganda. Et s'il n'y a pas de bateau qui navigue en même temps, j'irai en Amérique et photographierai des grizzlis dans les montagnes Rocheuses.

GEORGE.

Climat très dangereux, monsieur.

BLENKINSOP.

Un climat dangereux, monsieur ? Je voudrais que vous sachiez que le climat n'est pas aussi dangereux que celui de la vallée de la Tamise.

GEORGE.

Tres bien Monsieur.

[*Il sort.* MME DOT *entre . A sa vue* BLENKINSOP *se refroidit aussitôt .*

MME DOT.

James, chéri, est-ce que je t'ai entendu donner l'ordre d'emballer tes affaires ?

BLENKINSOP.

[*Calmement.*] Non mon amour. Qu'est-ce qui a bien pu vous mettre une telle idée en tête ?

MME DOT.

Tu ne me quitterais pas, chérie ?

BLENKINSOP.

Mon ange, plus rien ne m'arrachera à toi.

MME DOT.

Très cher!

BLENKINSOP.

[*Essayant de se retenir.*] Animal de compagnie!

[*Il entre dans le jardin.* MME DOT *commence à rire* . FREDDIE *entre, avec des lettres à la main* .

FREDDIE.

Je dis, j'aimerais que vous jetiez un œil à ces lettres.

MME DOT.

Oh oui. Je veux avoir une petite conversation avec toi, Freddie. [*Elle prend une des lettres et la lit.*] « Mme Worthley m'a demandé de vous féliciter pour l'arrivée récente de votre famille, mais d'exprimer son regret de ne pouvoir accéder à votre demande. » Comme tu es brutal, Freddie ! Mme Murphy est sûrement une vieille amie.

FREDDIE.

Je l'ai regardée dans mon carnet. Il y a six mois, nous lui avons envoyé quinze livres parce qu'elle avait neuf enfants. Elle en a maintenant onze.

MME DOT.

Et pourtant, ils se plaignent de la baisse de la natalité. Je pense que nous ferions mieux de lui envoyer cinq livres.

FREDDIE.

On ne peut vraiment pas encourager une femme qui a des jumeaux deux fois par an, alors que son mari est non seulement alité, mais aussi fou désespéré.

MME DOT.

Peut-être qu'elle *est* un peu prolifique.

FREDDIE.

Voici ma réponse à Mme MacTavish, qui veut de l'aide pour enterrer son mari.

MME DOT.

Pauvre chose! Tu ferais mieux de lui envoyer dix livres.

FREDDIE.

J'ai répondu : « Madame, je regrette de voir que c'est la troisième fois que vous perdez votre mari en deux ans. La mortalité parmi les malheureux messieurs à qui vous donnez la main est si grande que je ne peux que vous recommander désormais de rester veuve. Cordialement, Frederick Perkins.

MME DOT.

[*Lisant une lettre qu'il lui remet.*] « Je suis heureux d'apprendre que la jambe de bois pour laquelle Mme Worthley a payé l'année dernière s'est révélée satisfaisante, mais je ne peux pas lui recommander de vous en fournir une autre. Perdre une jambe dans un accident ferroviaire est un malheur, mais en perdre une seconde dans l'explosion d'une mine est un signe de négligence.» Ce n'est pas original, Freddie.

FREDDIE.

Je suis tellement dans la misère que je ne peux que me permettre de faire les blagues des autres.

MME DOT.

[*Avec un regard perspicace sur lui.*] Freddie, j'ai été extrêmement satisfait de votre comportement au cours de la semaine dernière. Je vous ai observé attentivement et je suis heureux de voir que vous avez fait tout ce qui était possible pour détruire l'affection de la pauvre Nellie pour vous.

FREDDIE.

[*Gravement.*] J'ai essayé de faire mon devoir.

MME DOT.

Je sais. Et en reconnaissance de cela, je veux que vous acceptiez un petit cadeau. Où est mon chéquier ?

FREDDIE.

[*Le produire dans les plus brefs délais.*] Oh non, vraiment, je n'aimerais pas que tu fasses quelque chose de pareil. [*Le mettant devant elle et lui donnant un stylo.*] Je sens que je suis amplement payé pour tout ce que je fais pour toi. Je ne peux tout simplement plus rien accepter.

MME DOT.

J'avais peur que vous vous y opposiez.

[*Elle écrit et il la regarde attentivement.*

FREDDIE.

Cinq cents livres. Oh, tu es un éventreur ! Mais pourquoi diable me donnes-tu ça ?

MME DOT.

Cela peut vous être utile. Supposons que vous ayez l'idée de vous marier, par exemple, il serait très pratique d'avoir une telle somme en poche.

FREDDIE.

Mais je ne pense pas à me marier.

MME DOT.

N'est-ce pas ? Je suppose que vous savez que lorsque vous le ferez, je propose de vous en donner deux mille par an.

FREDDIE.

Je dis, c'est vraiment gentil de votre part.

[*Il prend le chèque et s'en réjouit.* MME DOT *il sort rapidement une licence spéciale du tiroir et la pose sur la table .*

MME DOT.

Maintenant, je vais faire un tour dans le jardin.

FREDDIE.

Tu es une brique.

[*Elle sort. Dès qu'il voit que la voie est libre, il émet un sifflement particulier.* NELLIE *entre .*

NELLIE.

Je pensais que ton coup de sifflet ne viendrait jamais. Ils voulaient que j'aille sur la rivière. J'ai dû inventer toutes sortes d'excuses.

FREDDIE.

Je ne sais pas comment c'est, mais d'une manière ou d'une autre, nous n'arrivons jamais à avoir une minute seuls.

NELLIE.

C'est parfaitement exaspérant. Quelle bonne idée de vous retrouver dans le jardin après qu'ils soient tous couchés.

FREDDIE.

Était-ce mon idée ? J'ai toujours pensé que c'était le tien !

NELLIE.

[*Avec une dignité blessée.*] Il est peu probable que j'aurais dû proposer une chose pareille.

FREDDIE.

Non, ce n'est pas probable.

NELLIE.

Je suis parfaitement distrait. Si tu savais comme cet homme m'ennuie !

FREDDIE.

Je ne peux pas penser à ce que tu as jamais vu en lui.

NELLIE.

Je ne l'ai jamais vraiment aimé, tu sais. Je ne l'ai accepté que parce qu'il était désespérément amoureux de moi et que maman ne voulait pas en entendre parler.

FREDDIE.

Quand as-tu su pour la première fois que tu tenais à moi ?

NELLIE.

Oh, je ne sais pas. Je pense que dès que j'ai découvert que tu étais amoureux de moi.

FREDDIE.

[*Plutôt interloqué.*] Oh!

NELLIE.

Quand as-tu commencé à m'aimer ?

FREDDIE.

Eh bien, vous savez, j'ai été terriblement flatté que vous preniez soin de moi.

NELLIE.

Oh !... [*Il y a une pause.*] Je ne pense pas avoir bien compris.

FREDDIE.

[*Ouvrant les bras.*] Chéri!

NELLIE.

[*Se blottir dedans.*] Oh, ça me fait me sentir si délicieusement méchant. Je sais que je ne devrais pas te laisser m'embrasser. Je sais que c'est une trahison envers le pauvre Gerald.

FREDDIE.

Il n'est pas digne de toi.

NELLIE.

Il vénère simplement le sol sur lequel je marche. Je suis une bête parfaite.

FREDDIE.

Nous le traitons honteusement.

NELLIE.

Je ne me le pardonnerai jamais.

FREDDIE.

Pauvre Gérald... C'est un connard, n'est-ce pas ?

NELLIE.

Oh, horrible.

[*Ils éclatent tous les deux de rire.*

NELLIE.

Prends soin de toi!

[MME DOT *arrive avec des fleurs dans les mains* .

MME DOT.

Ai-je laissé mes ciseaux ici ? Vois si tu peux les trouver, Freddie. Peut-être qu'ils sont dans la pièce voisine. [*Il sort.*] Je me demande si je les ai laissés sur la table à écrire.

[NELLIE *regarde, voit le permis, démarre et se retourne pour le cacher* .

NELLIE.]

[*Agité.*] Non, il n'y a rien du tout ici.

[FREDDIE *arrive avec les ciseaux* .

FREDDIE.

Les voici!

MME DOT.

Merci beaucoup.

[*Elle sort.*

NELLIE.

Freddie, comment as-tu pu être si imprudent ? Ce n'est que par la plus grande présence d'esprit que j'ai pu le cacher.

FREDDIE.

Que *veux-* tu dire?

NELLIE.

Tu aurais dû me le dire. Je ne pense pas que ce soit gentil de votre part d'obtenir un permis sans m'en parler. Je pense que c'était une grande liberté.

FREDDIE.

Un permis?

NELLIE.

Tu dois savoir que je ne peux pas t'épouser. Rien ne m'incitera à rompre ma promesse envers Gerald. Je suis très en colère contre toi.

FREDDIE.

Je n'ai pas la moindre idée de ce dont vous parlez.

NELLIE.

Comment peut-on raconter de telles histoires ?

[*Elle lui tend le permis. Il le regarde, complètement étonné.*

FREDDIE.

Où as tu trouvé ça?

NELLIE.

Il était posé sur la table à écrire. Je suppose que vous n'allez pas nier toute connaissance de cela. [*Il le regarde toujours.*] Freddie, quelle audace de ta part ! Mais tu ne pouvais vraiment pas imaginer un seul instant que j'accepterais de m'enfuir avec toi. Oh, Freddie, je suis tellement flattée. Comme tu dois m'aimer !

FREDDIE.

[*À lui-même.*] Deux mille par an ! [*Il sort le chèque de sa poche et le regarde. Soudain, la lumière lui apparaît. Il remet le chèque et le permis dans sa poche.*] Il est assez clair qu'une licence n'aurait pas pu arriver toute seule.

NELLIE.

Qu'est-ce qui t'a poussé à l'envoyer chercher ?

FREDDIE.

[*Effrontément.*] Je pensais que c'était le seul moyen de te gagner.

NELLIE.

Vous l'avez depuis longtemps ?

FREDDIE.

Il n'est arrivé que ce matin. Écoute, pourquoi ne devrions-nous pas nous enfuir ? Vous ne vous souciez pas du tout de Gerald, et vous vous souciez de moi.

NELLIE.

Cela lui briserait le cœur. Je ne pouvais pas, je ne pouvais pas ! D'ailleurs, où allons-nous nous enfuir ? Je n'ose pas. Maman ne me le pardonnerait jamais.

FREDDIE.

Vous voyez, avec ça, nous pouvons nous marier n'importe où. Prenons le moteur et descendons chez mon père près d'Oxford. Nous arriverons à l'heure du dîner, et il nous épousera demain matin.

NELLIE.

Vous ne voulez pas dire que votre père est dans l'Église ?

FREDDIE.

Bien sûr, il est dans l'Église. J'ai été très prudent dans le choix d'un parent.

NELLIE.

Oh, comme tu es intelligent d'avoir un père qui est ecclésiastique ! Tu penses à tout, Freddie.

FREDDIE.

Écoutez, il n'y a pas une minute à perdre. Allez-vous prendre le risque ?

NELLIE.

Non non Non! Freddie, comment peux-tu me demander une chose pareille... Je vais juste mettre mon chapeau.

FREDDIE.

Espèce de brique.

[*Elle s'enfuit. Il marche de long en large avec enthousiasme. Les domestiques apportent le thé.* NELLIE *revient avec son chapeau* .]

FREDDIE.

Dépêche-toi!

NELLIE.

C'est *de* la romance, n'est-ce pas ?

[*Ils se dirigent vers la porte qui donne sur le jardin, main dans la main. Ils sont confrontés à* DAME SELLENGER *et* GÉRALD , BLENKINSOP *et* MLLE MACGREGOR .

DAME SELLENGER.

Où vas-tu si vite ?

NELLIE.

[*Rapidement.*] Nous allions justement vous inviter tous à prendre le thé.

[Mme Dot *entre* .

MME DOT.

Je viens de faire apporter le moteur au cas où quelqu'un voudrait sortir.

[*Elle se dirige vers le bureau pour voir si le permis a été retiré. Ils s'assoient tous et prennent le thé.*

DAME SELLENGER.

Nellie, mon amour, j'ai discuté d'un sujet très important avec Gerald.

MME DOT.

Je sais. Vous lui avez demandé de nommer le jour.

DAME SELLENGER.

Je sens que je n'ai pas le droit de retenir plus longtemps l'impatience si naturelle de ces jeunes choses.

NELLIE.

[*Consterné.*] Et qu'a dit Gérald ?

DAME SELLENGER.

Il souhaite vous le laisser entièrement.

NELLIE.

Je suis sûr que c'est très obligeant de sa part.

GÉRALD.

Pas du tout.

MME DOT.

Bien sûr, il est tout empressé.

GÉRALD.

[*Grimaçant.*] Oui.

NELLIE.

Je le ferais bien plus tôt : je laisserais Gerald le réparer à sa convenance.

DAME SELLENGER.

Je pense que c'est délicieux, la façon dont ils se cèdent l'un à l'autre.

GÉRALD.

Nous n'ennuierons Mme Dot que si nous discutons de la question maintenant.

DAME SELLENGER.

Nous sommes tous de vieux amis ici. Je suis sûr que Mme Dot nous aidera avec ses conseils.

MME DOT.

Mon opinion est que, dans ces domaines, le plus tôt sera le mieux.

BLENKINSOP.

Quand on doit prendre une pilule, le mieux est de l'avaler sans réfléchir.

DAME SELLENGER.

Cynique! Que dites-vous à six semaines d'aujourd'hui ?

NELLIE.

Cela me conviendrait à merveille.

GÉRALD.

Il n'y a alors plus rien à dire.

DAME SELLENGER.

Quelle belle chose que l'amour !

[NELLIE *se leve* .

NELLIE.

[*À* FREDDIE .] Tu viens ?

FREDDIE.

Certainement.

DAME SELLENGER.

[*Surpris.*] Où vas-tu, Nellie ?

NELLIE.

M. Perkins a promis de m'emmener faire un petit tour en moteur. Je pense que c'est la seule chose qui peut faire disparaître mon mal de tête.

DAME SELLENGER.

[*A voix basse.*] Ma chérie, est-ce sage ? Souvenez-vous des sentiments de ce pauvre jeune homme.

NELLIE.

[*Également à voix basse.*] J'ai pensé que vous aimeriez avoir l'occasion de parler en privé à Gerald.

DAME SELLENGER.

Pourquoi chérie?

NELLIE.

Chère maman, les colonies.

DAME SELLENGER.

[*Souriant affectueusement.*] Espèce d'enfant doux et pratique ! Tu seras à nouveau ta propre mère à mon âge.

NELLIE.

Puis-je y aller alors ?

DAME SELLENGER.

Faire. Mais ne partez pas très longtemps.

NELLIE.

[*L'embrassant.*] Au revoir, maman.

[*Elle sort avec* FREDDIE *. Presque immédiatement, le klaxon d'un moteur se fait entendre alors qu'ils s'éloignent.*

DAME SELLENGER.

La chère enfant, elle a une nature si douce et si confiante. Tu dois m'embrasser aussi, Gérald !

GÉRALD.

J'en serai ravi, j'en suis sûr.

[*Elle relève sa joue qu'il embrasse.* UN SERVITEUR *arrive avec une note .*

SERVITEUR.

Miss Sellenger m'a dit de vous donner ceci immédiatement, Madame.

MME DOT.

Oh. [*Elle l'ouvre et pousse un cri.*] Bonté divine! Oh, le misérable fourbe ! Lady Sellenger, comment vous le dire ? Ça vient de Nellie.

DAME SELLENGER.

De Nellie !

MME DOT.

[*En lisant.*] « Chère Mme Dot, je vais juste épouser Freddie. Annonce-le doucement à maman.

DAME SELLENGER.

[*Démarrage.*] Impossible! Arrête-les! Arrête-les! Où sont-elles?

MME DOT.

[*En lisant.*] « Je ne pouvais pas épouser Gérald. C'est un trop grand » – il y a un mot en grosses lettres. Je n'ai jamais su lire les majuscules.

[*Elle tend le message à* GÉRALD .

GÉRALD.

Le mot est « ALÉSAGE »

MME DOT.

[*Faisant semblant d'être très surpris.*] Alésage!

BLENKINSOP.

[*Avec une immense satisfaction.*] Alésage!

TANTE ELIZA.

[*Méditativement.*] Alésage!

DAME SELLENGER.

Oh, comme c'est monstrueux ! Mon pauvre Gérald, que dois-je faire ?

[GÉRALD *se met à rire aux éclats. Il rit de plus en plus fort.*

DAME SELLENGER.

Gérald ! Gérald ! Ne le faites pas! Ressaisissez-vous. Le pauvre garçon, il est parfaitement hystérique. Où sont mes sels ? Mme Dot, pour l'amour du ciel, calmez-le. Oh mon cher! Il ne faut pas encore s'énerver.

BLENKINSOP.

Il a l'air déchiré, n'est-ce pas ?

DAME SELLENGER.

Nous allons les poursuivre. Il n'y a pas encore de mal. Nous les attraperons. Je vous promets que nous les attraperons. Tu l'épouseras, Gérald, si je dois la traîner à l'église par les cheveux.

[À cela, il s'arrête brusquement et la regarde avec consternation.

GÉRALD.

Qu'est-ce que tu vas faire?

DAME SELLENGER.

Nous devons les chasser. Où est votre moteur, M. Blenkinsop ? Ne m'as-tu pas dit que c'était la machine la plus rapide d'Angleterre ?

BLENKINSOP.

J'ai dit quelque chose du genre.

DAME SELLENGER.

Nous les rattraperons. Gerald, tu dois me conduire. Je ne peux faire confiance à personne d'autre pour aller assez vite.

MME DOT.

Mais vous ne savez pas dans quelle direction ils sont allés.

DAME SELLENGER.

Ne sois pas si stupide. Bien sûr, ils sont allés à Brighton. Quand les gens s'enfuient, ils se rendent toujours à Brighton.

[MME DOT se glisse hors de la pièce .

GÉRALD.

Et que feras-tu si nous les abordons ? Vous ne pouvez pas les forcer à revenir.

DAME SELLENGER.

Si une femme ne peut pas forcer sa fille à épouser l'homme de son choix, je ne sais pas où en est la nation anglaise.

GÉRALD.

Je n'épouserai pas cette fille contre sa volonté.

DAME SELLENGER.

Violondedee ! Bien sûr, tu l'épouseras. Qui est cette créature avec laquelle elle s'est enfuie ? Perkins! Perkins avec un P. Je n'ai jamais rien entendu d'aussi ridicule. Pensez-vous que ma fille sera Mme Perkins—Perkins avec un P ?

BLENKINSOP.

Vous ne pourriez pas très bien l'épeler avec un W, n'est-ce pas ?

DAME SELLENGER.

Tenez votre langue impudente, monsieur !

GÉRALD.

Maintenant, sortons cela et finissons-en. Je ne suis pas plus amoureux de Nellie qu'elle ne l'est de moi, j'allais l'épouser parce que je l'avais promis, et cela me semblait une astuce de reculer...

DAME SELLENGER.

Cet homme est fou. Le choc lui a retourné le cerveau.

GÉRALD.

Quand j'ai appris qu'elle s'était enfuie, j'aurais pu sauter de joie. J'ai l'impression de m'être réveillé d'un horrible cauchemar. Rien ne m'incitera à essayer de la rattraper.

DAME SELLENGER.

Tu es un monstre! Comment oses-tu jouer avec les affections de ma fille ! Vous n'avez pas l'intention de la voir épouser un homme appelé Perkins !

GÉRALD.

Cela ne me dérangerait même pas si elle épousait un homme appelé Vere de Vere.

DAME SELLENGER.

Eh bien, c'est le chauffeur qui me conduira. Vous êtes une brute sans cœur. Perkins avec un P. Et sans le sou en plus.

[*Elle sort de la pièce et claque la porte.*

GÉRALD.

Où est Mme Dot ?

[*Il entre dans le jardin.*

BLENKINSOP.

Quelle belle-mère charmante cette femme fera !

[MME DOT *arrive avec un grand couteau de cuisine dans une main et un tisonnier dans l'autre* .

MME DOT.

Je l'ai fait!

BLENKINSOP.

Fait quoi?

MME DOT.

Lady Sellenger pense qu'elle va dans votre moteur, mais ce n'est pas le cas.

BLENKINSOP.

[*Démarrage.*] Qu'as-tu fait à mon moteur ?

MME DOT.

Dès qu'elle en a parlé, j'ai couru à la cuisine et j'ai saisi ce couteau et j'ai saisi ce tisonnier.

BLENKINSOP.

Femme!

MME DOT.

J'ai déchiré tous les pneus, ils sont simplement en rubans, James.

BLENKINSOP.

Bon dieu!

MME DOT.

Je ne sais pas ce que j'ai fait à l'appareil à gouverner, mais je sais qu'il ne fonctionnera plus jamais. Oh, il est dans un état épouvantable.

BLENKINSOP.

Mais c'est un tout nouveau moteur. Je viens de le payer dix-huit cents livres.

MME DOT.

Et pour qu'il n'y ait aucun risque, j'ai ouvert l'endroit où se trouvent les œuvres et j'ai fouillé avec le tisonnier. Je *pense que* j'ai tout cassé.

BLENKINSOP.

Oh! Oh!

[*Il enfouit sa tête dans ses mains.*

MME DOT.

C'est une épave et une ruine. Vous auriez dû voir les pneus faire un flop, un flop, un flop.

BLENKINSOP.

Mais je vais courir la semaine prochaine.

MME DOT.

Il sera impossible de le déplacer pendant un mois. Il *est* dans un état.

BLENKINSOP.

Dix-huit cents livres !

MME DOT.

Je ne sais pas combien cela coûtera de réparer. Cela ne vous dérange pas, James, n'est-ce pas ?

BLENKINSOP.

Esprit!

MME DOT.

Je n'aimerais pas que tu sois en colère contre moi.

BLENKINSOP.

[*Furieusement.*] Oh!

MME DOT.

Tu ne laisseras pas cela perturber ton affection pour moi ? N'oublie pas que tu vas m'épouser.

BLENKINSOP.

Je t'épouserai. Je préfère épouser ma cuisinière.

[*Il se précipite hors de la pièce.*

MME DOT.

[*Je m'occupe de lui, innocemment.*] Il *est* colérique, n'est-ce pas ? C'est très difficile de plaire à tout le monde dans cette vie.

TANTE ELIZA.

Vous êtes tout à fait incorrigible.

MME DOT.

Cela vous dérangerait-il de retirer ces outils ? Je suis vraiment très fatigué.

TANTE ELIZA.

Je suppose que casser des moteurs est un travail plutôt difficile.

MME DOT.

Et vous recevez très peu de remerciements pour cela.

[TANTE ELIZA *sort* . MME DOT *se laisse tomber sur une chaise, avec un soupir de soulagement* . GÉRALD *entre. Elle se rend compte qu'il est derrière elle, mais fait semblant de ne pas le remarquer. Il arrive doucement.*

GÉRALD.

Point!

MME DOT.

[*Faire semblant de commencer.*] Oh, comme tu m'as fait peur ! Vous vous souviendrez peut-être que mes nerfs sont très agités.

GÉRALD.

Vous m'avez posé une question il y a peu. Je peux y répondre maintenant.

MME DOT.

Je suis vraiment désolé, j'ai complètement oublié ce que c'était. Cela ne pouvait pas avoir la moindre importance.

GÉRALD.

Tu m'as demandé si je t'aimais.

MME DOT.

Comme c'est absurde ! Et vous ?

GÉRALD.

De tout mon cœur, et je t'ai aimé passionnément dès le premier instant où je t'ai vu.

MME DOT.

Sans jamais un jour de congé ?

GÉRALD.

Sans jamais un jour de congé. Je voulais te le dire à chaque minute, et pourtant je ne pouvais pas être un tel imbécile.

MME DOT.

[*Sarcastiquement.*] C'est terriblement gentil de votre part de dire tout cela, et je ne peux pas vous dire à quel point je suis flatté.

GÉRALD.

Point!

Mme Dot.

Seulement, il est un peu tard. J'ai promis ma main et mon cœur à James Blenkinsop.

Gérald.

Violon!

Mme Dot.

[*En haussant les sourcils.*] Je vous demande pardon?

Gérald.

[*Fermement.*] Violon !

Mme Dot.

Croyez-vous que parce qu'un heureux hasard vous a libéré d'un précédent engagement, je vais saisir l'occasion et me jeter dans vos bras ?

Gérald.

Vous savez, les femmes sont des brutes. On essaie de faire les choses honnêtement et de se comporter plus ou moins comme un homme blanc, et on se sent comme si on avait été une véritable bête.

Mme Dot.

Sais-tu pourquoi Nellie t'a abandonné ? Parce que tu es ennuyeux.

Gérald.

[*Souriant.*] J'ose dire que je suis très stupide. Je suppose que c'est pour ça que je t'aime autant.

Mme Dot.

Mon cher Gérald, tu as été guéri de ta passion pour Nellie en un mois. Je n'ai aucun doute qu'une semaine à Paris vous redonnera le cœur.

Gérald.

[*Calmement.*] Est-ce que tu m'emmènerais par hasard ?

Mme Dot.

Marqué – endommagé.

Gérald.

[*Avec sa langue dans sa joue.*] Alors au revoir !

MME DOT.

Bon voyage.

[*Il se tourne pour partir et se dirige lentement vers la porte. Elle saisit un coussin et le lui lance, puis lui tourne le dos. Il s'arrête, ramasse le coussin et le lui apporte gravement.*

GÉRALD.

Je pense que tu as laissé tomber quelque chose.

MME DOT.

[*Gravement.*] Merci.

[*Il la regarde avec un sourire. Elle commence à rire. Soudain, il la prend dans ses bras.*

GÉRALD.

Espèce de petit imbécile.

LA FIN